الخط

حسن المسعود

HASSAN MASSOUDY
CALLIGRAPHE

Préface de

Michel Tournier

دار نشر فلاماريون - باريس

Flammarion

ISBN 2-08-012055-7

Quelle vanité que la peinture qui attire l'admiration par la ressemblance des choses dont on n'admire pas les originaux !

Cette pensée de Pascal suscite l'étonnement, voire l'indignation. Peut-on ignorer à ce point l'art pictural ? Peut-on ravaler plus bas l'art du peintre ? Elle est cependant dans le droit fil de la condamnation de l'idolâtrie par les religions monothéistes. Est idolâtre celui qui admire — ou adore — la copie d'un être — homme ou animal — dont il ne songerait pas à admirer — ou adorer — l'original. Mais on se situe là au niveau zéro de la peinture, le niveau du trompe-l'œil et de la copie conforme.

Toute la réflexion esthétique vise à décoller de ce bas-fond. En quelques mots, Paul Valéry — l'anti-Pascal par excellence — fait sa place à la création picturale : « Si le peintre a besoin d'un noir, il met un nègre ; d'un rose, une rose. » Autrement dit, l'ensemble exigeant pour son équilibre ou son harmonie une tache noire et une tache rose, le peintre va se servir d'un nègre et d'une fleur, comme simples prétextes. Prendre ces prétextes pour des raisons, croire que le peintre a voulu « représenter » un nègre et une rose — et pour ce faire a mis du noir et du rose — c'est confondre l'effet et la cause. Il conviendrait donc d'effacer la distinction entre peinture figurative et peinture abstraite, en disant qu'il n'y a de peinture qu'abstraite, mais qu'une partie de la peinture abstraite se cache sous un masque figuratif. Reste que ce masque figuratif empêche en grande partie de voir le visage abstrait, et qu'aux yeux de nombre de spectateurs, il se substitue à lui.

Ce contresens, la calligraphie le rend impossible. Il y a entre le sens de la phrase et la figure calligraphique une relation profonde certes, mais de nature spirituelle et non pas matérielle. Cette relation n'est pas la chaîne d'un esclave, mais le libre feu du lecteur inspiré. L'image, avec tout ce qu'elle a de pesamment contraignant pour l'esprit, se trouve exorcisée par la calligraphie. Un roman illustré par des images : le texte donne des ailes à l'imagination du lecteur ; les images lui imposent des semelles de plomb. La lettrine — ornée, frisée, chantournée — qui inaugure le premier mot de chaque chapitre, c'est déjà l'exaltation joyeuse du signe. C'est le signe abstrait épanoui comme une fleur, comme une rosace. La calligraphie célèbre la liberté de l'esprit.

Cette simple vérité, je l'ai apprise en lisant les livres d'Hassan Massoudy, en parlant avec lui, en le regardant calligraphier. J'étais allé à lui sur l'ordre d'un roman auquel je travaillais. C'est ainsi que les choses se font. Un manuscrit, c'est pour moi un tyran qui m'assigne des missions, et croyez bien qu'elles ne sont pas toujours agréables ! *Le Roi des Aulnes* m'a fait faire la tournée des grands nazis rescapés de la guerre, *Les Météores* m'ont jeté dans les dépôts d'ordures de Miramas. *La Goutte d'Or* m'a fait passer une matinée dans un abattoir. Mais il y a des missions miraculeusement bénéfiques. Cette même *Goutte d'Or* m'envoya frapper à la porte du plus grand calligraphe vivant. C'est qu'il est question dans ce roman d'un jeune berger berbère qui mène paître ses moutons et ses chèvres aux abords de son oasis natale. Passe une Land Rover. Une femme en descend, et elle photographie Idriss et ses bêtes. Le jeune garçon ne sait pas que le piège de l'image vient de se refermer sur lui. Il s'engage bientôt dans un voyage initiatique dont chaque étape lui offre son image, une image toujours caricaturale, de plus en plus avilie. Jusqu'au jour où, recru d'épreuves, il va, comme moi-même, frapper à la porte d'un maître calligraphe.

Me voici donc, mon manuscrit à la main, en présence d'Hassan Massoudy. Ce qu'il me dit après l'avoir lu manifeste un merveilleux ajustement des choses : « Mon itinéraire est similaire à celui de votre héros Idriss. Du sud de l'Irak où j'ai commencé à calligraphier, je pars pour Bagdad à la recherche de la peinture, de l'image, tout en continuant à calligraphier. Là, les peintres sont très influencés par l'École de Paris. En 1969, je me retrouve donc à l'École des Beaux-Arts de Paris, où je ne fais que de la peinture. En 1975, je quitte l'École, en même temps que l'image. La situation de l'Irak ne permet pas le retour. Je reste donc à Paris où je me suis remis aux signes.

« La recherche de ces signes forme l'ensemble de mon livre. Celui-ci commence par des petites calligraphies enfermées dans un espace réduit, d'apparence classique, et dont les textes sont nostalgiques, pour terminer par des agrandissements débordant la page où la calligraphie a la gestuelle des tableaux contemporains, et un texte rempli d'espoir. »

Saluons d'abord la venue en France de ce « travailleur immigré », et l'immense bénéfice qu'elle représente pour tous ceux qui l'approchent ou qui le lisent — à commencer par moi... Et regardons sa trajectoire.

Il s'en faut qu'il s'agisse d'un simple retour à la calligraphie traditionnelle après une excursion aberrante au pays des images. S'il y a retour, c'est à la façon dont une spirale, après s'être éloignée d'un point, revient vers lui, mais à un niveau supérieur. Hassan Massoudy, après ses études en Irak, est attiré irrésistiblement par le grand mirage occidental. Mais s'il surmonte l'épreuve, c'est en y gagnant une dimension nouvelle. Comme il le dit si bien, il passe de la nostalgie en espace réduit à une gestuelle débordant toutes les limites. Il a ainsi, en traversant victorieusement l'enfer des images, résolu l'immense problème de la création appuyée sur et opposée à la tradition. Comment être Beethoven quand on a été l'élève de Haydn ? Comment être Paul Valéry quand on a grandi à l'ombre de Mallarmé ? Il n'y a qu'une voie, et elle a la violence d'une transgression. On admire notamment chez Massoudy l'introduction et l'usage magistral qu'il fait de la couleur dans ses compositions. Il a des lavis opalescents, des chevelures d'émeraude, des camaïeux beiges qui s'enrichissent de profondeurs boisées et d'arômes de santal. C'est une ère nouvelle qui s'ouvre ainsi à la calligraphie. Oui, les amateurs d'antiquité et d'exotisme risquent d'être déçus. Hassan Massoudy n'est pas le fossile vivant de la vieille calligraphie arabe. C'est un artiste de notre temps. Son art appartient à cette fin du XXe siècle, malgré les racines millénaires qu'il plonge dans le Moyen-Orient.

Je voudrais souligner enfin ce qui fait essentiellement de la calligraphie, telle que nous la découvrons ici, une véritable *sagesse*.

Qu'est-ce que la sagesse ? C'est un savoir total, c'est-à-dire comportant, outre son contenu théorique, une leçon pratique, morale, et même corporelle. Il y a certes une mystique et une métaphysique dans ces figures. Mais pour les tracer, le calligraphe doit maîtriser sa main, rythmer sa respiration, et disposer d'une énergie physique accumulée. Il y a là comme l'équivalent du yoga indien, mais avec — à nos yeux du moins — une richesse plus positive et un épanouissement esthétique plus gratifiant. Car il n'y a pas de vraie sagesse sans une promesse de bonheur.

Michel TOURNIER
de l'Académie Goncourt

"أيّ اغترار هو الفن التلويني" الذي يستجلب الاعجاب بمحاكاة الأشياء ، من دون الاعجاب بمثالها الاصل!" إنّ خاطرة باسكال هذه لمدعاة الى الدهشة ، لا بل الى الاستياء. أجل ، كيف للمرء أن يجهل الفنّ التلوينيّ حتى هذا الحد؟ أم يعقل النزول بهذا الفنّ الى درك أحطّ؟ على أنها خاطرة تنتظم انتظامًا سويًا في إدانة الشرك التي أتت بها الديانات التوحيدية. فالمشرك هو من يعجب بنسخة كائن ما - أو يعبدها - انسانًا كان أو حيوانًا ، ولا يتبادر الى باله أن يعجب بالمثال الأصل - أو يعبده - ولكنّنا نقوم هنا عند المستوى الصّفر من الفن التلويني ، مستوى مخادعة البصر ، والنسخة طبق الاصل .

بيد ان التفكير الجماليّ بجمعه ينهد الى الاقلاع من هذا الدرك السّفليّ. ألست ترى الى پول ڤاليري - نقيض باسكال الامثل - كيف أنه يفسح ، ببضع كلمات ، للابداع الفني في مكانته . «اذا احتاج الفنان الى اسود فانه يضع زنجيًا . واذا احتاج الى ورديّ ، يضع وردة.» بتعبير آخر ، عندما يستلزم العمل الفنيّ ، من أجل توازنه أو تناسقه بقعة سوداء وبقعة وردية ، يعمد الفنان الى زنجيّ والى زهرة ، على أنهما ذريعتان فحسب أمّا ان تؤخذ الذريعة مأخذ العلّة ، ويعتقد ان الفنان قد أراد ان «يمثّل» زنجيًا ووردة - جاعلًا لذلك الاسود والورديّ - فزعم قوامه الخلط بين الفعل والسبب . يجدر بالتالي ان نمحو التمييز بين الفنّ التصويريّ والفنّ التجريديّ ، قائلين بان ما من فنّ تلوينيّ سوى التجريديّ ، ولكنّ قسمًا من الفنّ التجريدي يتوارى وراء قناع تصويريّ . يبقى ان هذا القناع يحول الى حدّ بعيد دون رؤية الوجه التجريدي ، وأنّه ينوب منابه في نظر عدد من الرائين .

المناقضة هذه ، يجعلها الخطّ مستحيلة . أجل ، يقوم بين معنى الجملة والعمل الخطّي علاقة عميقة ، لكنها روحانية لا مادية . وان هذه العلاقة ليست أصفادًا تكبّل عبدًا ، بل التوقد المشبوب في ذهن القارئ الملهم . ان الصورة ، بكل ما لها من قسر مثقل يرزح على الفكر ، تظهر برقّة الخط. وبرواية تزينها الصور ، ترى فيها النصّ يجنّح مخيّلة القارئ ، بينما تثقل الصور رجليه بنعلين من رصاص . فحرف التاج - المزخرف على تماوج وانعطاف - ذلك الذي يدشّن الكلمة الأولى من كل فصل ، إنما هو في واقع الأمر احتفاء متهلّل بالرمز . انه الرمز المجرّد ، المتفتّق الوضّاء كما الزهرة ، كما الزخرفة النجميّة . فالخطّ بالتالى يشيد بحرّية الفكر ويحتفل بها .

هذه الحقيقة البسيطة قد تلقّنتها لدى تصفّحت كتابي حسن المسعود ، لدى تحادثت معه ، لدى نظرت اليه يخطّ . لقد قصدته بأمر من رواية كنت أضعها . هكذا تحدث الأشياء . لانّ مخطوطة بالنسبة اليّ طاغية يجشّمني مهمات ليست ، والحق يقال ، مستحبة مستملحة في غالب الاحيان ! فكتابي - Le Roi des Aulnes - جعلني أدور على كبار النازيين الذين نجوا من الحرب . وكتابي - les Météores - قد حملتني على قضاء صبحة يوم كاملة في مسلخ . كما ان روايتي - la Goutte d'Or - قد رمى بي في مقالب قمامة ميراماس . ولكنّ من المهمّات ما هو عجيب النفع . فالرواية ذاتها أوفدتني أقرع باب أحد أكبر الخطاطين المعاصرين . لأن الرواية تتحدّث عن راع بربري شاب ، يرعى نعاجه وأعنزه جوار الواحة التي شهد فيها النور . تمرّ به سيارة لاندروڤر . وتنزل منها امرأة . فتلتقط صورًا فوتوغرافية للراعي وقطيعه . لكنّ الراعي الفتى لا يعرف ان فخّ الصورة قد اطبق عليه . واذا به ، بعد حين ، يباشر رحلة لا متناهية ، تعرض عليه كلّ مرحلة منها صورته ، ولكنّها صورة كاريكاتورية دائمًا ، لا تني تتشوّه وتتردّى ، حتى يوم ذهب فيه ، وقد أنهكته المحن ، يقرع مثلما فعلت أنا باب معلم خطّاط .

ألفيتني بالتالي ، حاملًا مخطوطتي ، في حضرة حسن المسعود . ان ما يقوله لي ، بعد أن قرأها ، ينمّ عن إحكام رائع للامور . قال : «ان مسيرتي شبيهة بمسيرة بطلك إدريس . فمن جنوب العراق حيث باشرت الخطّ ، يمّمت بغداد سعيًا الى الفنّ التلويني ، الى الصورة ، من دون ان أكفّ عن الخط . هناك وجدت الفنانين متأثرين جدًا بمدرسة باريس . وفي عام ١٩٦٩ دخلت مدرسة الفنون الجميلة في باريس ، حيث لم أزاول الا الفنّ التلويني . وفي عام ١٩٧٥ غادرت المدرسة ، فيما غادرت الصورة أيضًا . ونظرًا الى مصاعب خاصة حالت دون رجوعي الى العراق ، لزمت باريس ، حيث غدت أدراجي الى الرموز الخطّية .

إنَّ نشدان هذه الرموز يكون مجمل كتابي . فهو يبدأ بخطوط مُقتضبة ، ضِمن فُسحةٍ محدودةٍ كلاسيكيةِ المظهر ، يستبطِن نصوصها الحنين والتوق ، لكي تؤول الى تنامٍ يتجاوز حدود الصفحة ، حيث للخطّ حركيّة اللوحات المعاصرة ، ونصٌّ يزخر بالأمل . ››

فلنرحّب بادئ بدءٍ بمجيء هذا ‹‹ العامل المغترب ›› الى فرنسا ، وبالنفع العميم الذي يُمثّله لجميع الذين يقربونه ، أو يقرأونه ، ابتداءً بي .... ولنتبصّر في مساره بعض الشيء .

هيهات أن يكون قد قام بمجرّد عودةٍ فحسب الى الخطّ التقليدي ، بعد تجوالٍ مُضلّ في ربوع الصُّور . إنْ يكُنْ من عودةٍ ، فعلى غرار لَوْلبٍ يعود الى نقطةٍ معيّنةٍ - بعد ان يكون قد ابتعد عنها - ولكن عند مستوى أعلى . فحسن المسعود ، بعد إتمام دراسته في العراق ، يستهويه ويجتذبه السّراب الغربيّ الجسيم فينجرّ اليه . ولكنّه إنْ يكُن تغلّب على المحنة ، فقد اكتسب منها بُعدًا جديدًا . فهو ، كما يُجيد في إيضاح ذلك ، ينتقل من الحنين والتوق في فُسحةٍ محدودةٍ الى حركيةٍ تتجاوز سائر الحدود . وهو بذلك اذ يجتاز مُنتصرًا جحيم الصّور ، قد حلّ مُعضلة الابداع العويصة ، في استنادها الى التقليد ومُناقضتها له في آن . اجل ، كيف للمرء ان يكون بيتهوفن بعد ان تتلمذ على هايدن ؟ ثم كيف له ان يكون ڤاليري ، بعد ان ترعرع في ظلّ مالرميه . اما السّبيل الى ذلك فواحدةٌ ، لكنّ لها عنف الانتهاك .

إنّ ما يُثير الإعجاب خاصةً عند حسن المسعود ، هو أنه يُدخل اللون على أعماله ويتصرّف به تصرّفًا باهرًا . فيطالعك بألوانٍ مائيّةٍ فاتحةٍ يُداخلها غبش ، او ضفائر شعرٍ زمرّديةٍ او بأسمرَ فاتح يتدرّج الى داكن ، ويُثري ذلك اعماقٌ شجيرةٌ وأعرافُ صندل . اجل ، قد تتولّى الخيبة هواة عتيق الاثر والدّخيل المُجتلب . لان حسن المسعود ليس ذلك المتحجّر الحيّ الذي يُقبل علينا من الخطّ العربي القديم . انه فنّانٌ من عصرنا . وإنّ فنّه ينتمي الى نهاية قرننا العشرين هذه ، بالرّغم من جذوره الضاربة عبر الآف السنين في أعماق الشرق الأوسط .

أودُّ التنويه أخيرًا بما يجعل من الخطّ في أساسه ، كما نكتشفه هنا ، حكمةً حقّةً . وما الحكمة ؟ الحكمة معرفةٌ كليّةٌ ، أي إنها تنطوي ، فضلاً عن مضمونها النظريّ ، على عِبرةٍ عمليّةٍ وأخلاقيةٍ ، وجسديّةٍ كذلك . لا شك ان في هذه الاعمال الخطيّة تصوّفًا ونُزوعًا ماورائيًا . ولكنْ لابدّ للخطّاط ، كي يرسمها ، أن يتمكّن من يده ، واتّزان تنفّسه ، وأن تتوفّر له طاقةٌ بدنيّةٌ متراكمةٌ . كأنّ في ذلك ما يُضارع ‹‹ اليوغا ›› الهنديّة ، فضلاً عن ثراءٍ أوفر إيجابيةً ، وتألّقٍ جماليّ جزيلٍ سمحٍ - في نظرنا على الاقل - لانّ ما من حكمةٍ حقّةٍ لا يواكبها وعدٌ بسعادةٍ وحبورٍ .

ميشال تورنيه
أكاديمية غونكور

ترجمة : نعيم بوطانوس

التشكيلة الخطية

ان لكل حرف، في الخط العربي التقليدي، بناءً يرتبط ببناء حرف آخر. فتشكل الحروف في ما بينها الكلمة. وتعدد الكلمات وتشابكها يقود الى العنصر الاساسي، عنينا هيكلاً معماريًا يطلق عليه اسم التشكيلة الخطية أو التكوين الخطي.

يكرر بعض الخطاطين التشكيلة نفسها عدة مرات ويعودون اليها أحيانًا بعد سنوات، محاولين الوصول الى الكمال في معالجة الحروف وقوتها، والفراغ المحيط بها، ونغم الشكل العام. هنا تبرز طاقة الخطاط وأمكانياته، لنعرف هل تخطى ماهو معروف من التشكيلات الخطية القديمة، أو إنه خلافًا لذلك، يكرر مايشابه تشكيلات الماضي. وكذلك نتبين عند الخطاط مدى شعوره بالجمال، ورهافة الذوق وثراء الذاكرة البصرية التي تحوي أجمل الاشكال وأمتنها.

ولادة التشكيلات الخطية تحت أصابع الخطاط، توحي كأنه يخرج أشكالاً يختزنها في مخيلته اخراجًا عفويًا تلقائيًا، بينما هي نتيجة تفكير عقلاني أيضًا. إنه يأخذ الجملة ويحطمها، ويعيد بنائها ثانية ولكن عبر رؤاه. فتكون التشكيلة الخطية كمرآة تعكس أفكاره وأحاسيسه الداخلية، وذلك بأعطاء الخط مظهر الخفة، أو الثقل، بزيادة البياض أو السواد الكثيف للحروف، وبتفضيل الانحناءات في الخط أو رشاقة الخطوط المنتصبة، وأخيرًا بتصعيد حرارة الديناميكية، أو باعطاء برودة للسكونية. وهكذا ترينا التشكيلة الخطية طبيعة الخطاط وتبدي عبر عمله ماهو مخفي من عوالم طفولته الغامضة. ان امكانيات التحطيم والبناء فتحت الباب واسعًا أمام التعبير الفني في مجال الخط العربي.

التشكيلة الخطية يجب أن تكون حيوية وحركية، كما لو كانت بعض الحروف تريد الانفلات والتحرر، بينما تمسك بها الاخرى وتمنعها. واذا افتقرت التشكيلة الى هذه الديناميكية تكون رتيبة مملة للعين. وخلافًا لذلك ترى التشكيلة تنعش نفس المشاهد، بل تنشط تطلعه الى الجمال، وتحمله على التخيل أكثر فأكثر.

تعني الديناميكية هنا بالتالي مقدار الطاقة المختزنة داخل هذه التشكيلة. وانّ مجموع الحروف والكلمات داخلها يطالعنا كعمل فني مجرد، يتحسسه ويفسره كل مشاهد حسب عالمه الداخلي.

أما قراءة النصوص نفسها، فانها صعبة لأول وهلة. ولكن في أكثر الاحيان يقود التمعن والتأمل الطويل لمن يقرأ العربية الى إكتناه النص.

COMPOSITION

Dans la calligraphie traditionnelle, chaque lettre a une structure qui, se joignant à une autre, forme un mot. Les mots constituent l'élément de base d'une architecture que l'on nommera « composition ». Parfois le calligraphe reprend une même composition à des années d'intervalle afin de tendre à la perfection. La puissance du calligraphe se révèle dans la morphologie de la lettre, dans la composition et dans l'invention qui dépasse le « déjà vu » de la création précédente

La calligraphie contemporaine doit assumer sa filiation, garder les éléments essentiels de la calligraphie traditionnelle, mais doit également les adapter, reconsidérer leur importance relative, en fonction du dynamisme et des rythmes de l'époque contemporaine.

Les compositions naissant sous les doigts du calligraphe laissent croire qu'il a une réserve d'images au jaillissement spontané, alors qu'il fait aussi une opération mentale de saisie, de destruction et de reconstruction d'une phrase. Cet exercice de mort et de vie sur la phrase féconde l'expression artistique.

Les compositions calligraphiques complexes et difficiles à appréhender au premier regard sont un reflet des résurgences de l'enfance et des mystères du caractère.

Le dynamisme de certaines compositions résulte de la tension entre les lettres qui veulent s'échapper et celles qui luttent pour les retenir. Pour d'autres compositions, notamment celles qui sont symétriquement divergentes ou convergentes, un dynamisme plus intime fait vibrer la structure. Si une composition manque de dynamisme, elle sera monotone et ennuyeuse pour l'œil. Dans le cas inverse, l'imagination de celui qui regarde sera stimulée. La totalité d'une composition est reçue comme un seul signe.

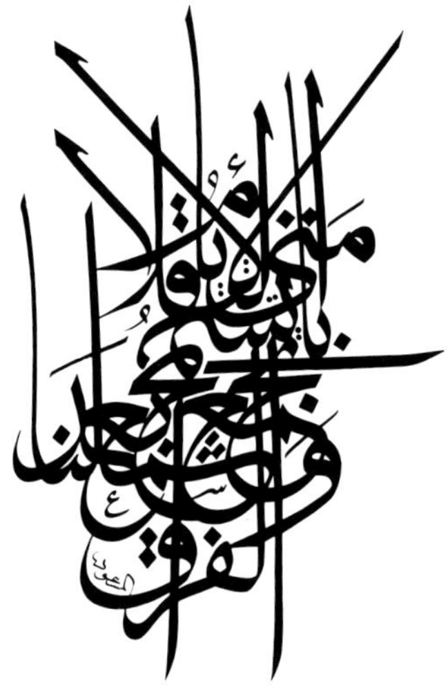

1

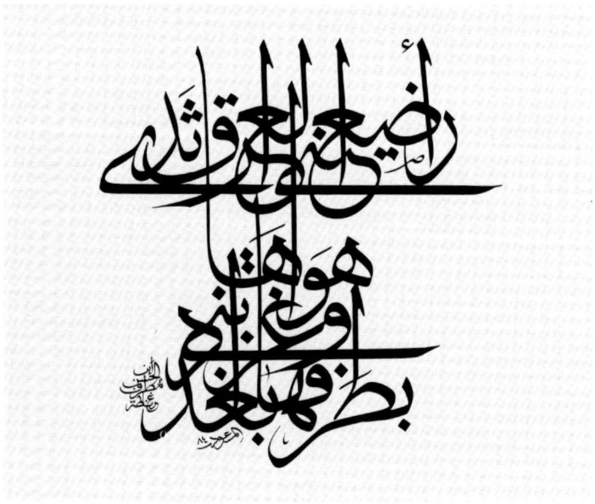

2

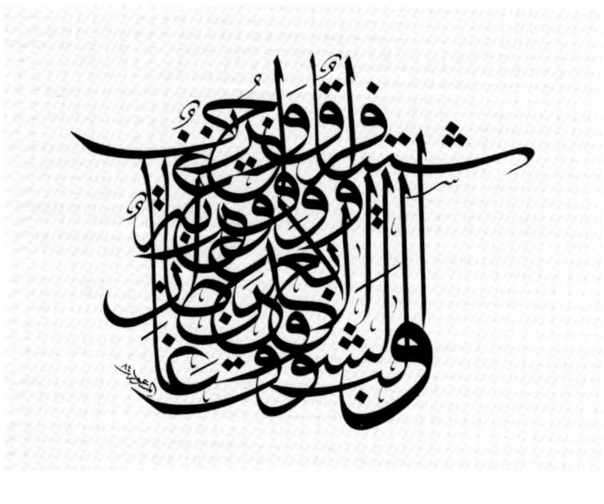

3

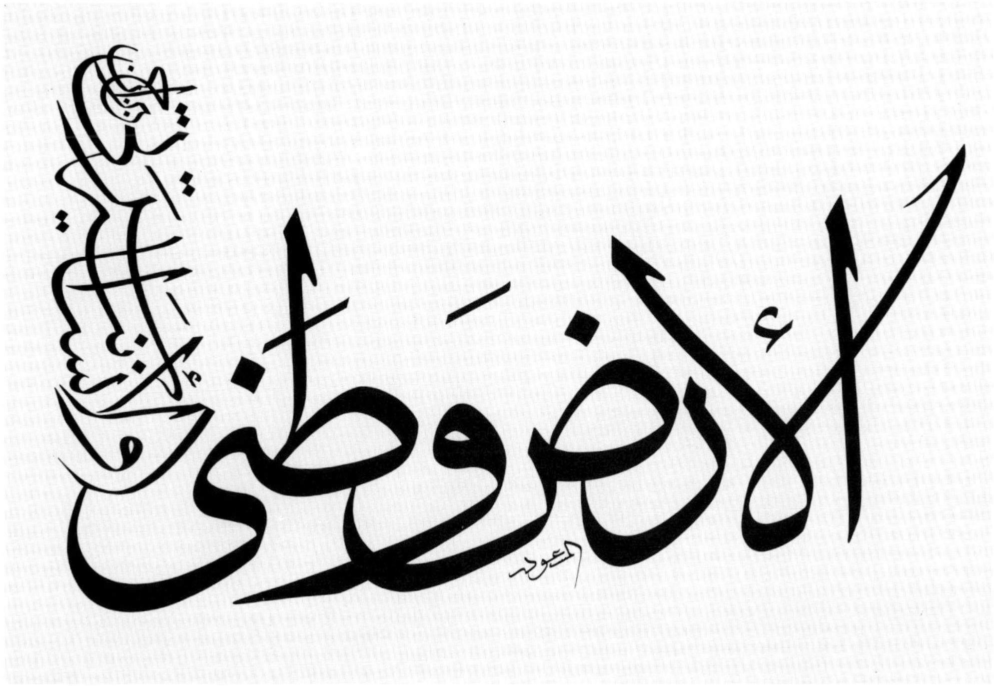

4

مَتى الأيام تَسمحُ بالتلاقي وتجمعُ شملنا بَعدَ الفراقِ - الف ليلة وليلة - ١
أرضَعتني العراق ثدي هَواها وغزتني بطرفها بغدادُ - ابن الحسن مطرف - غرناطة - القرن الثالث عشر - ٢
فراق وحزن واشتياق وغربة وَبعدعن الأوطان والشوق غالبُ - شعر مختار من كتاب الف ليلة وليلة - ٣
الأرض وَطني والأنسانية أسرَتي - جبران خليل جبران (١٨٨٣ - ١٩٣١) - ٤

1. Quand les jours permettent-ils les retrouvailles,
   Et nous réuniront-ils après la séparation ? *Les Mille et Une Nuits*
2. L'Irak, de son sein me donna l'amour
   Bagdad, de son regard me séduisit. Ibn Al Hassan Moutrif (XIIIᵉ s.) Grenade
3. Séparation, chagrin, nostalgie et exil,
   L'éloignement du pays et le désir dominant. *Les Mille et Une Nuits*
4. La terre est ma patrie et l'humanité ma famille. Gibran Khalil Gibran (1883-1931)

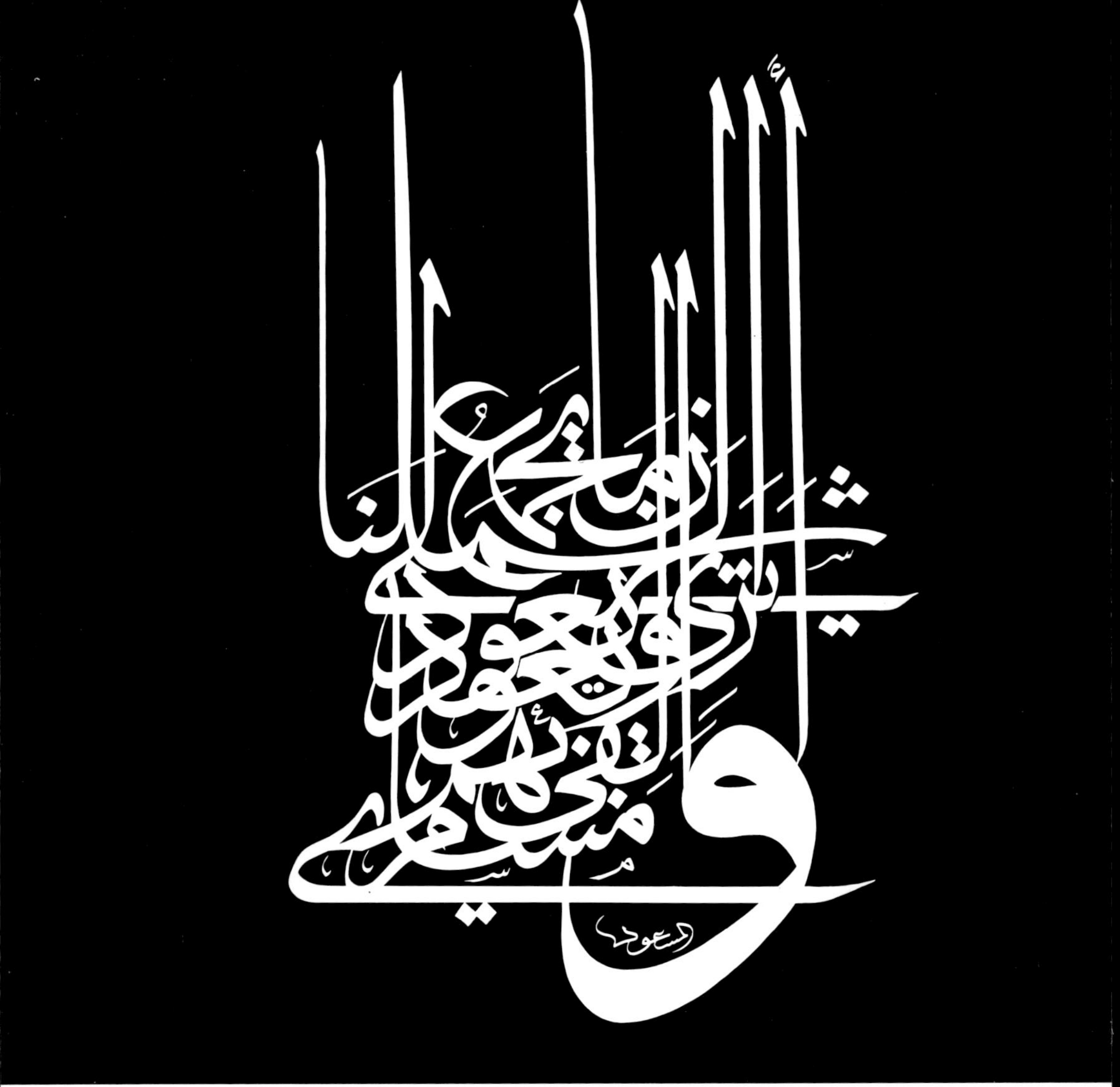

Le temps reviendra-t-il pour nous réunir
Et retrouver leurs compagnies et veillées ?
Les Mille et Une Nuits

أترى الزمان يَعود يَجمعُ شملنا ويعودُلي ألفي بهم ومسامري
شعر مختار من كتاب الف ليلة وليلة.

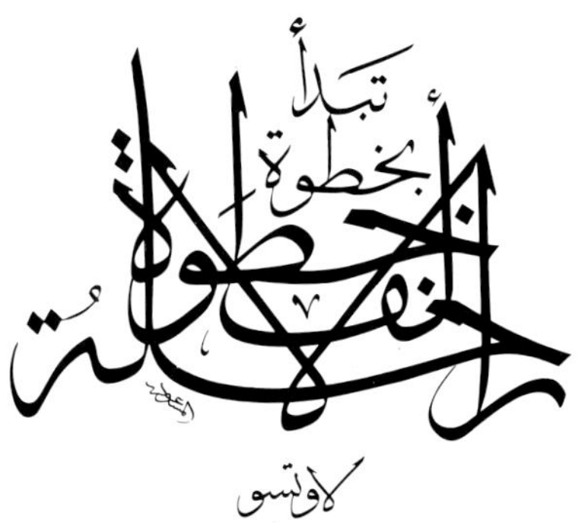

رحلة الألف خطوة تبدأ بخطوة - لاوتسو - القرن السادس ق.م.

Le voyage de mille lieues commence par un pas.
Lao Tseu (VIe s. av. J.-C.)

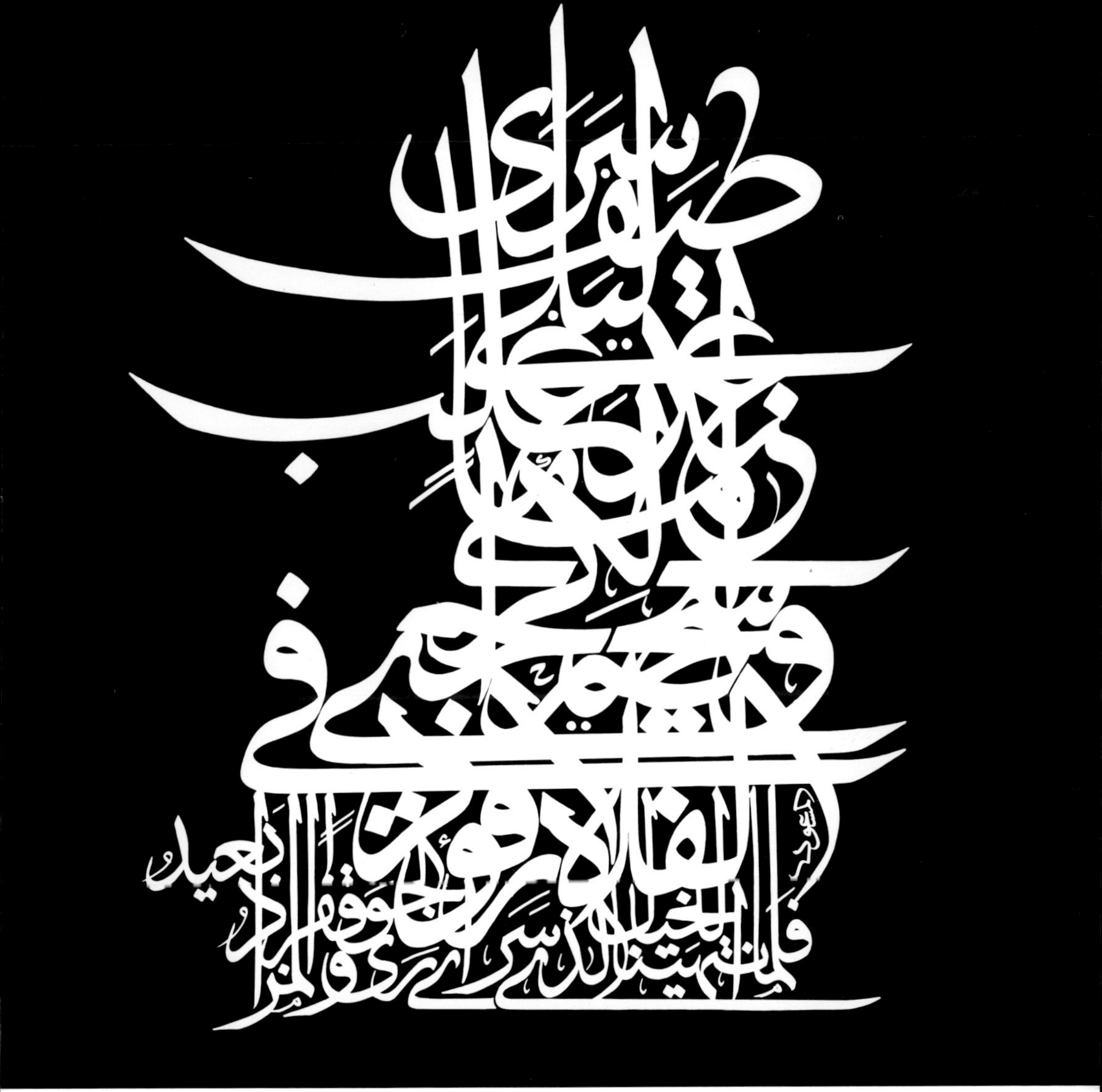

سَرى طيف ليلي عند ما غلبَ الكرى سحيًا وَصحبي في الفلاة رقودُ
فلمَا انتهَينا للخيَال الذي سَرَى أرى الجوَ قفرًا والمزادُ بعيدُ
- الف ليلة وليلة -

Mon songe de la nuit voyagea quand, à l'aube, le sommeil gagna.
Mes compagnons dormaient alors.
Quand nous parvînmes au songe qui passait,
Je vis le temps désert et la rencontre lointaine. *Les Mille et Une Nuits*

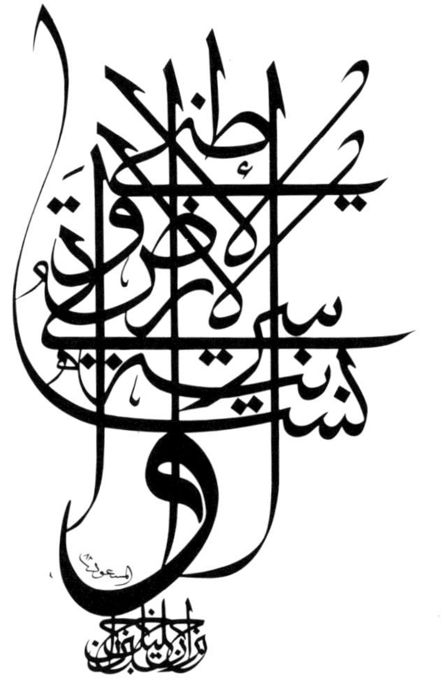

الأرض وطني والإنسانية أسرتي
جبران خليل جبران

La terre est ma patrie
et l'humanité ma famille.
Gibran Khalil Gibran

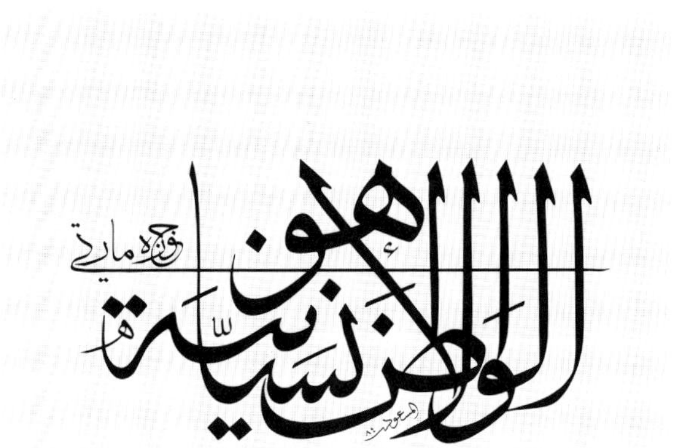

الوطن هو الإنسانية
جوزه مارتي

La patrie c'est l'humanité.
José Marti (1853-1895)

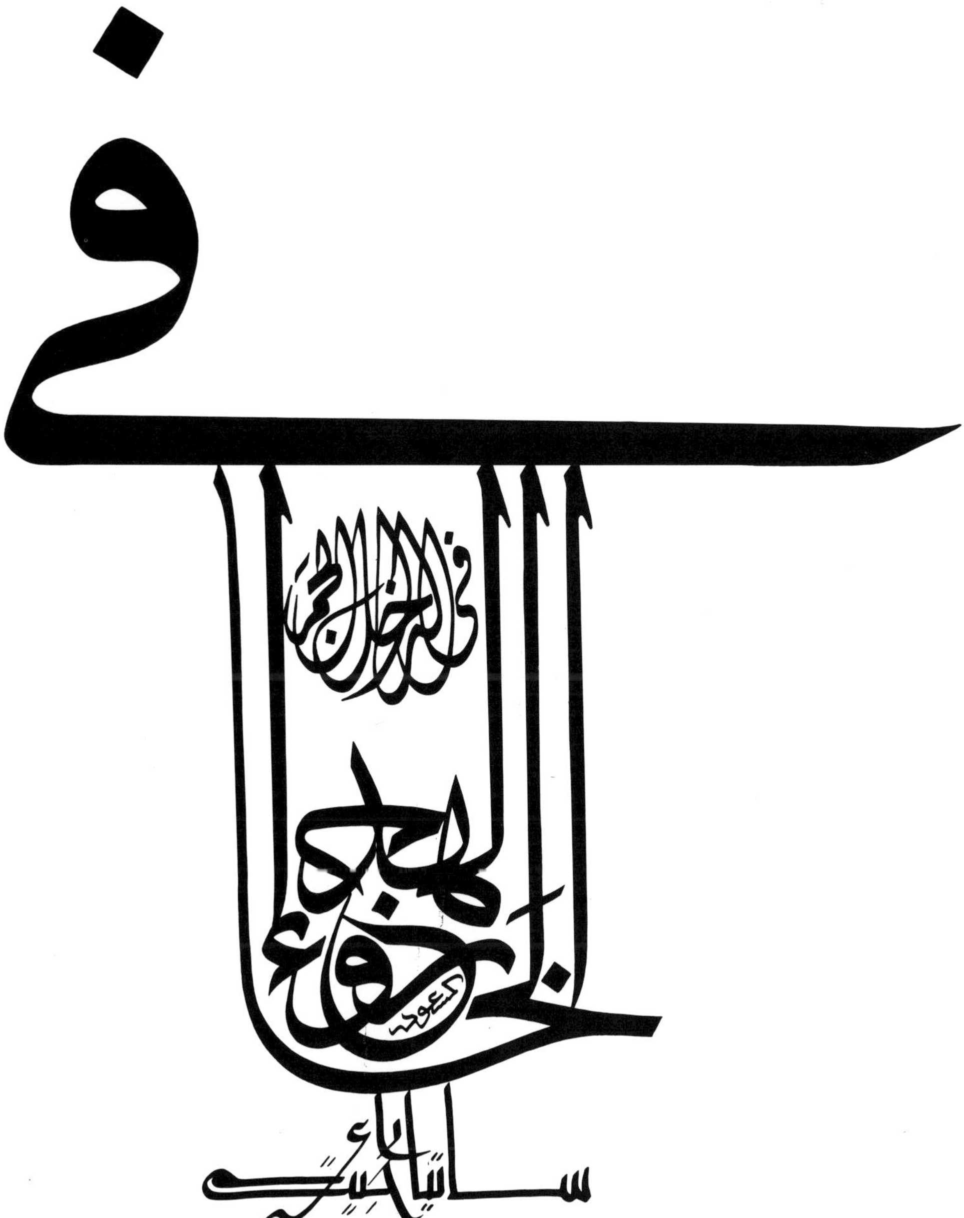

«في الخارج الهدوء، في الداخل الجمر» المخرج السينمائي الهندي ساتياجيت راي

Au-dehors le calme, au-dedans le brasier.
Satyajit Ray
Style Thoulth (sauf le cercle du milieu qui est en style diwani et la ligne du bas en koufi).

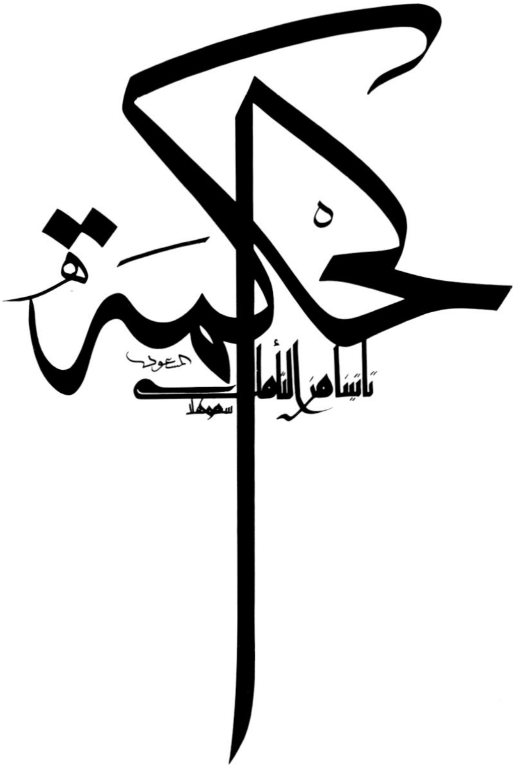

1

2

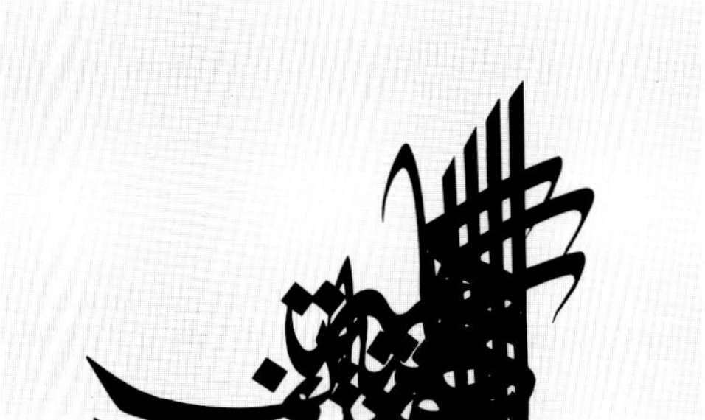

3

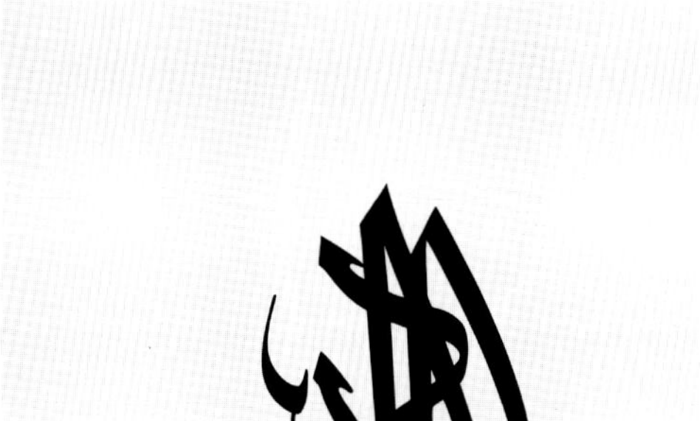

الحكمة تأتينا من التأمل - سموهلا - من هنود امريكا - ١
لا تنفق كلمتين إذا كفتك كلمة - مثل عربي - ٢
بفضل الورد يرتوي الشوك - مثل عربي - ٣
يولدُ الناسُ أحرارًا سواسية - المادة الاولى لميثاق الدفاع عن حقوق الانسان - ٤

1. La sagesse nous vient des rêves. Smohalla (XIXe s.) Indien d'Amérique, tribu des Nez-Percés
2. Ne dépense pas deux mots si un seul te suffit. Proverbe arabe
3. Grâce à la rose, l'épine s'arrose. Proverbe arabe
4. Les hommes naissent et demeurent libres et égaux en droits. Déclaration des droits de l'homme et du citoyen (1789)

4

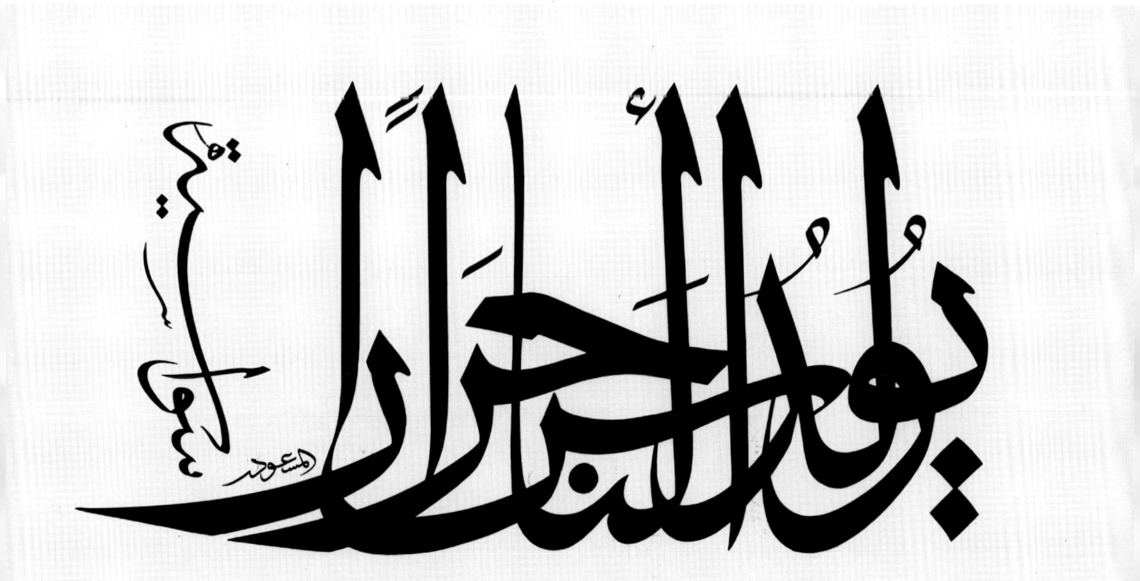

1

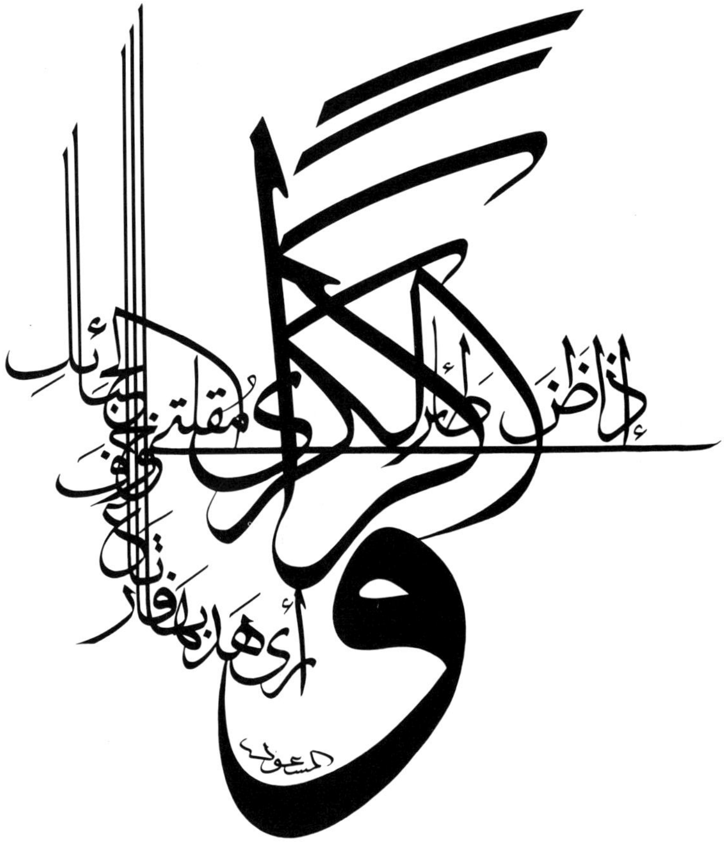

2

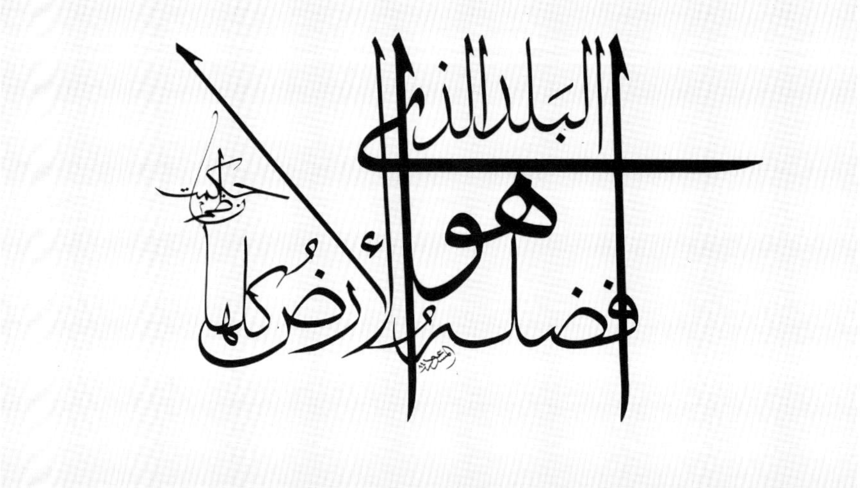

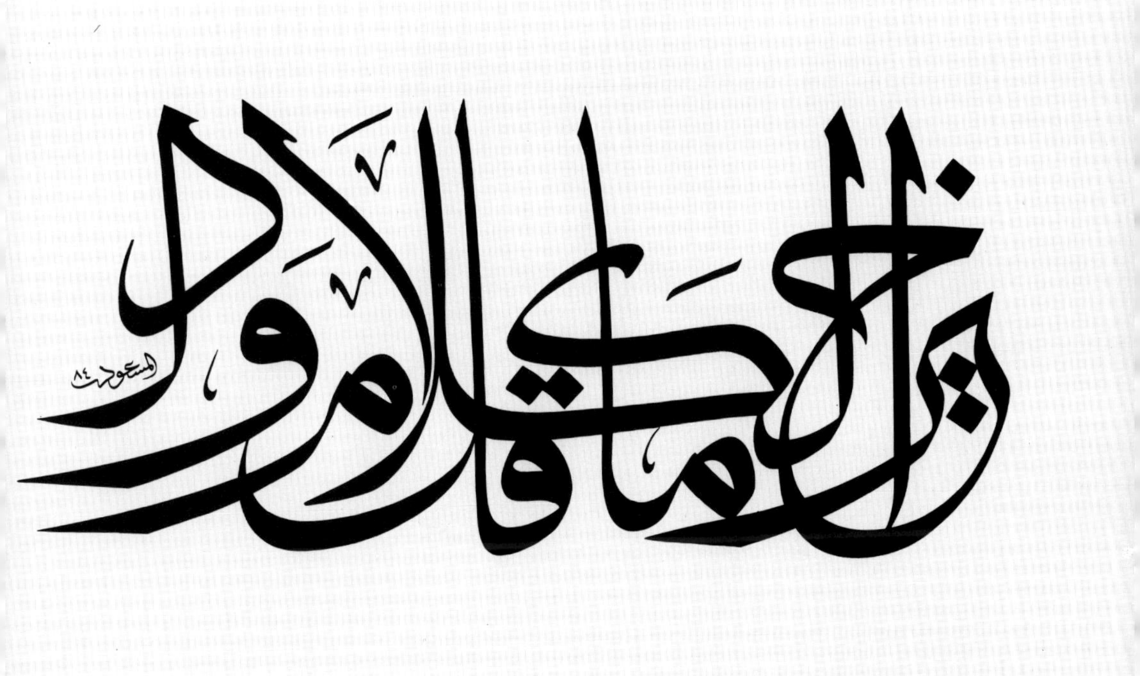

3

١ - إذا ظنّ وكرًا مُقلتي طائرُ الكرى رأى هَدْبَها فارتاع خوف الحبائل - ابو عامر بن الحمارة - غرناطة
٢ - البَلد الذي أفضله هو الارض كُلها - ناظم حكمت
٣ - خيرُ الكلام ماقلَّ ودلَّ

1. Si l'oiseau du sommeil venait à prendre ma pupille pour nid
   Il s'en éloignerait, apeuré
   Croyant filet de pièges, ses cils. Abu Amer Ibn Alhamara
2. Le pays que je préfère, c'est la terre entière. Nazim Hikmet (1901-1963)
3. Parlons peu mais parlons bien.

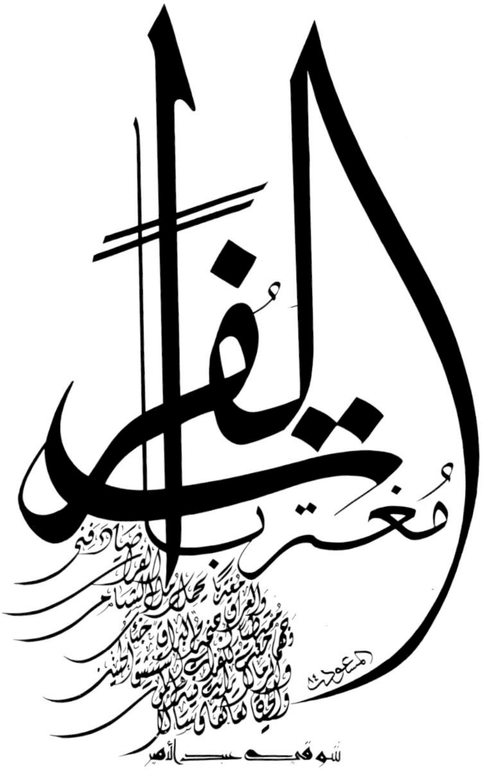

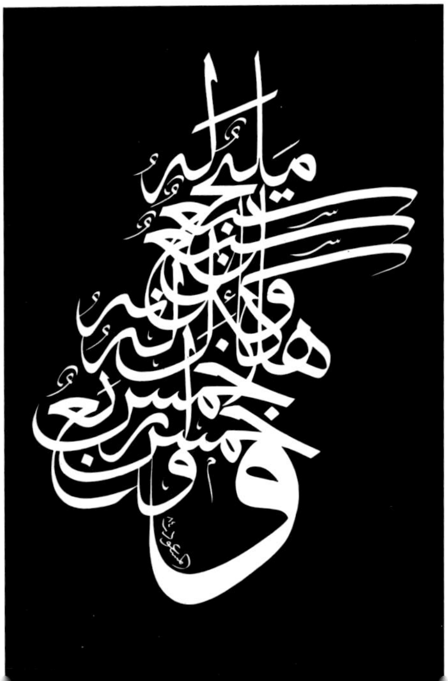

Poème de Chowki Abdelamir (1978)

من شعر لشوقي عبد الأمير

مليحٌ لهُ سَبعٌ وَسَبعٌ كأنهُ هلالٌ لهُ خمسٌ وخمسٌ وأربع
عن الف ليلة وليلة

Beauté de sept et sept ans
comme une pleine lune. *Les Mille et Une Nuits*

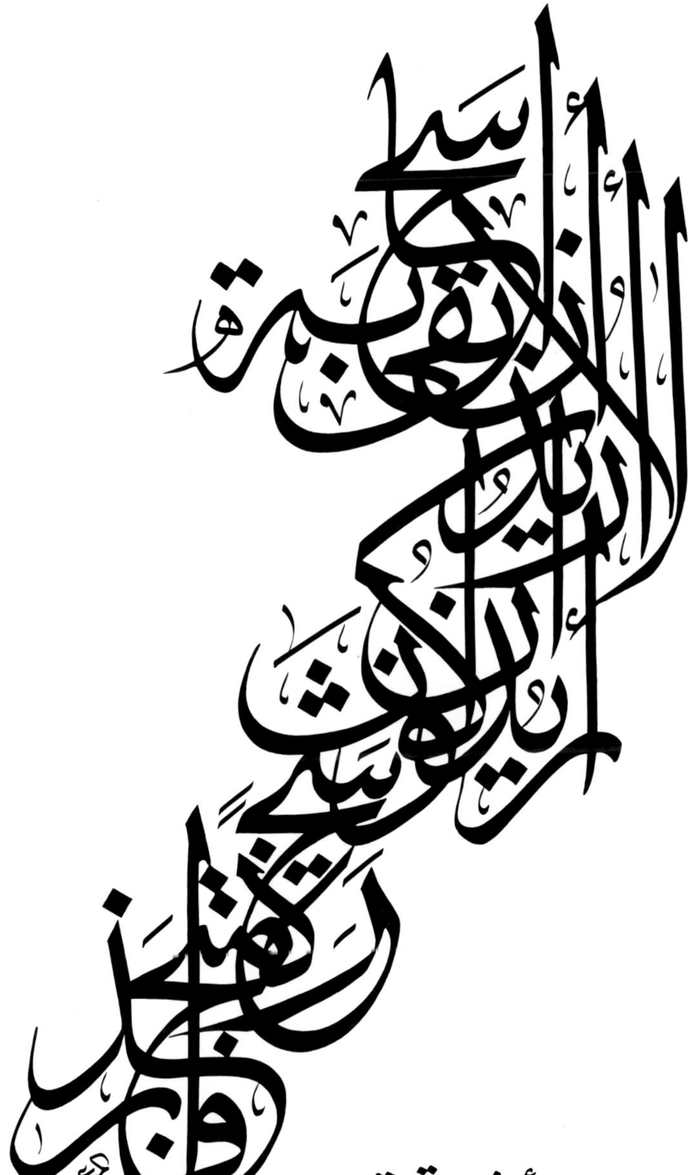

Je ne veux plus
Être nuage
Je veux être arbre
Et m'en tenir
A mon terrain.
Guillevic, *Requis*, Gallimard (1983)

لا أريد أن أبقى
سَحابَة
أريد أن أكون شجَرَة
متجَذرًا
في أرضي بقوة
غيلفيك

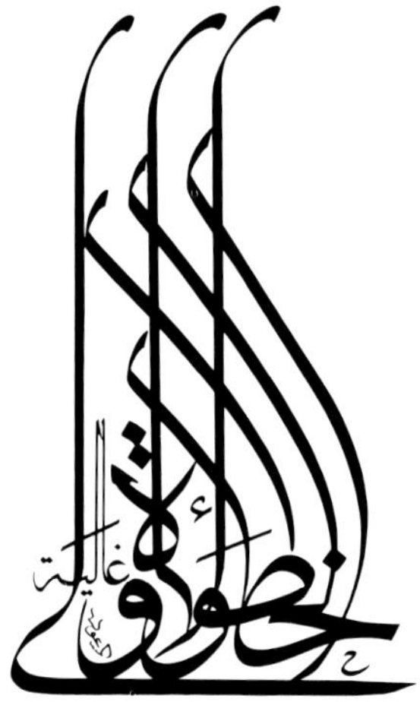

Il n'y a que le premier pas qui coûte.

الخطوة الأولى غاليــة

لا أشاركك أفكارك وَلكني مُستعدٌ للتضحية بحيَاتي من
أجل أن أسمَح لكَ قولها وعَيشها بحريّة -فولتير-

Je ne partage pas tes opinions, mais je suis prêt à donner ma vie pour te permettre de les exprimer et de les vivre librement. Voltaire (1694-1778)

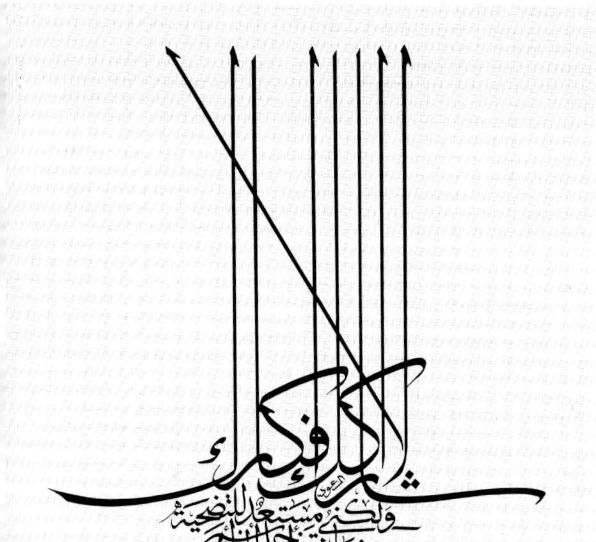

سلامٌ على جاعلين الحُتوف جسرًا الى الموكب العابر -الجواهري-

Salut à ceux qui ont fait de leur mort une passerelle pour le cortège en marche.
Al Jawahiri

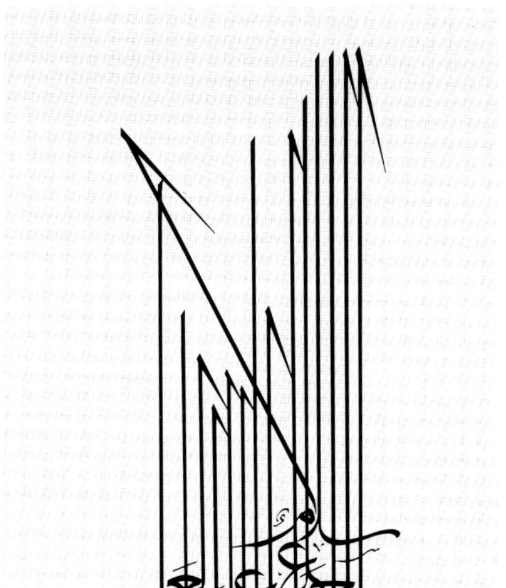

خط الثلث

يوفّر اسلوب خط الثّلث للخطاط عدة رسوم ممكنة لكل حرف . ومع هذا التعدد ، فان الكثير من حروف الثلث تتطلب تحويرًا داخل تكوين خطي حسب اتساع المكان وضيقه ، وحسب نغم التشكيلة الجديدة . وتبرز هنا قدرة الخطاط ومدى ذكائه في إعادة إبداع الحروف ، ولكن انطلاقًا من شكل الحرف الأساسي ، وانطلاقًا من قواعده الخطية .

لا يمكن خط اسلوب الثلث بسرعة . لان هذا الأسلوب يحتوي آلاف الفروق الدقيقة التي تتطلب اهتمامًا خاصًا في تنسيق الحروف وعلاقتها بما يجاورها في الكلمة نفسها ، ثم بالجملة كلها . وهكذا تصقل الرؤى الأولى ، وتهذب نحو تكوين جديد . وأخيرًا يهتم الخطاط بالفراغ الذي يحوط الحروف ، وهذا الفراغ هو المادة تدرج الحروف في ما يحوطها .

وتقتضي هذه التكوينات من الخطاط حالة تأمل ، وزمن تحضير داخلي طويل ، في جو من الصمت والهدوء العميق . إنه ينجز عملاً يحتاج الى عناية فائقة من بداية الحرف الى طرفه .

A PROPOS DU THOULTH

Le style Thoulth offre de nombreux graphismes possibles pour une même lettre, mais celle-ci, dans une composition, demande à être réinventée en fonction du nouvel espace dans lequel elle s'inscrit. Recréer une lettre en se référant néanmoins au code, sans oublier les règles d'or de la composition, met à l'épreuve l'intelligence du calligraphe.

Le style Thoulth, avec ses milliers de nuances qui requièrent une attention particulière pour agencer la lettre en rapport avec ses voisines et avec l'espace, interdit la calligraphie « rapide ». Ce type de composition exige une longue préparation et une concentration méditative.

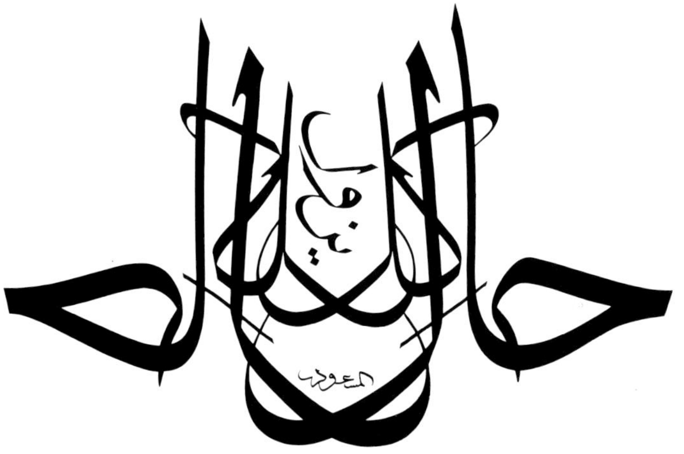

Tout passe.

كل حال يزول

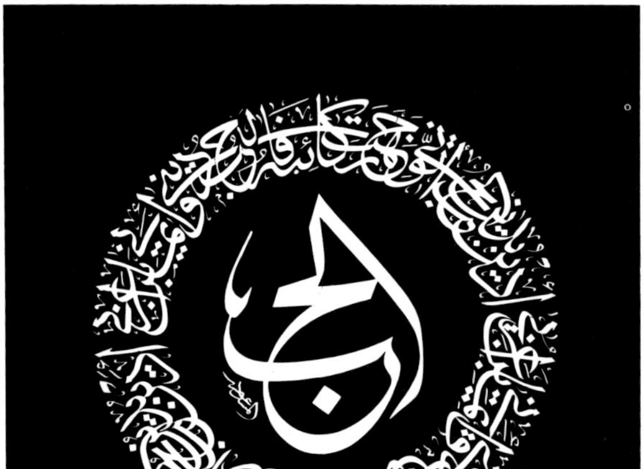

أدين بدين الحب أنى توجهت ركائبه
فالحب ديني وإيماني - ابن عربي -

Je crois en la religion de l'amour, où que se dirigent ses caravanes, car l'amour est ma religion et ma foi.
Ibn Arabi (XIIIe s.)

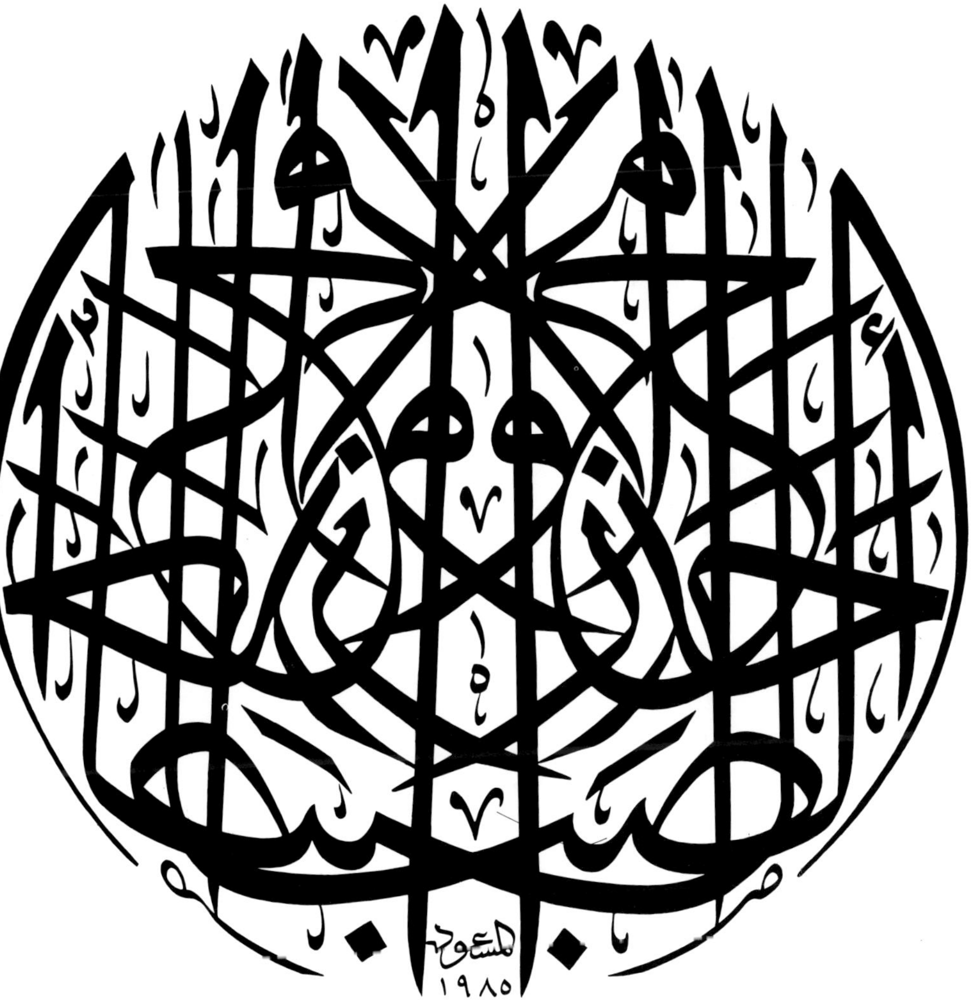

فانها تنتهي دائمًا بالتحقق

جوته

Méfiez-vous des rêves de jeunesse, ils finissent toujours par se réaliser.
Goethe (1749-1832)
Calligraphie inspirée de *La Goutte d'or*, Michel Tournier, Gallimard (1986)

إحذروا أحلامَ الصّبا فانها تنتهي دائمًا بالتحقق - جوته -

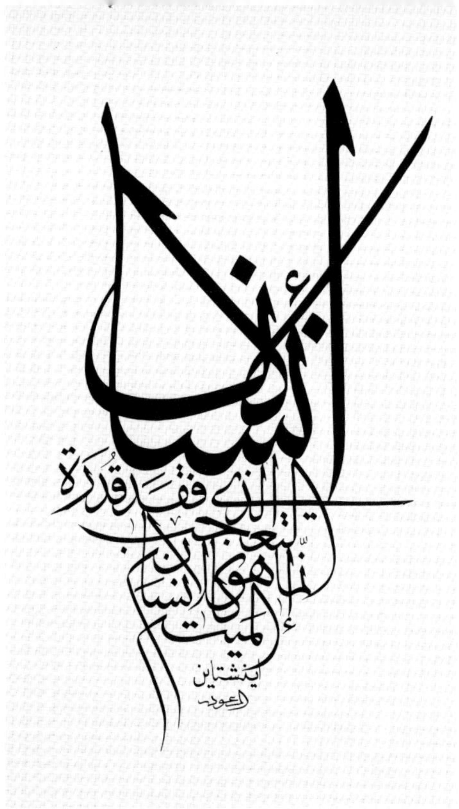

الأنسان الذي فقد قدرة التعجب إنما هو كالأنسان الميّت
- اينشتاين -

L'homme qui a perdu la faculté de s'émerveiller est comme un homme mort.
Einstein (1879-1955)

Si vous fermez votre porte à toutes les erreurs, la vérité restera dehors.
Tagore (1861-1941)

إذا أوصدتم بابكم بوجه الأخطاء ، فان الحقيقة تبقى خارجاً - طاغور -

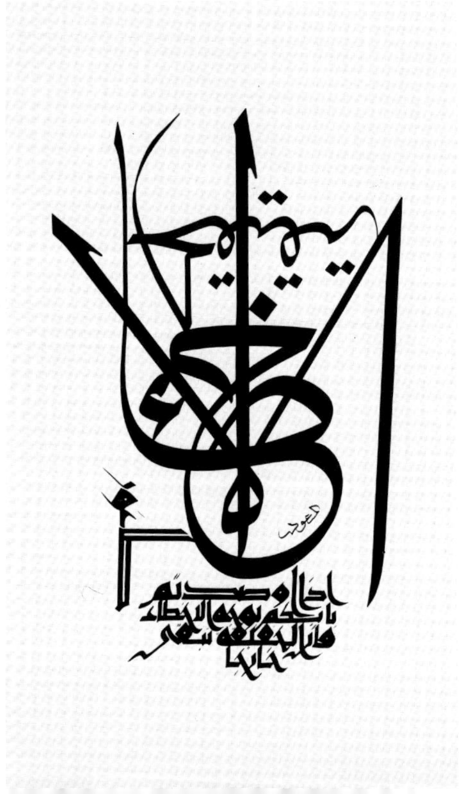

كل شيء علامة - ميشيل تورنيه -

Tout est signe.
Michel Tournier,
Le Roi des aulnes, Gallimard (1970)

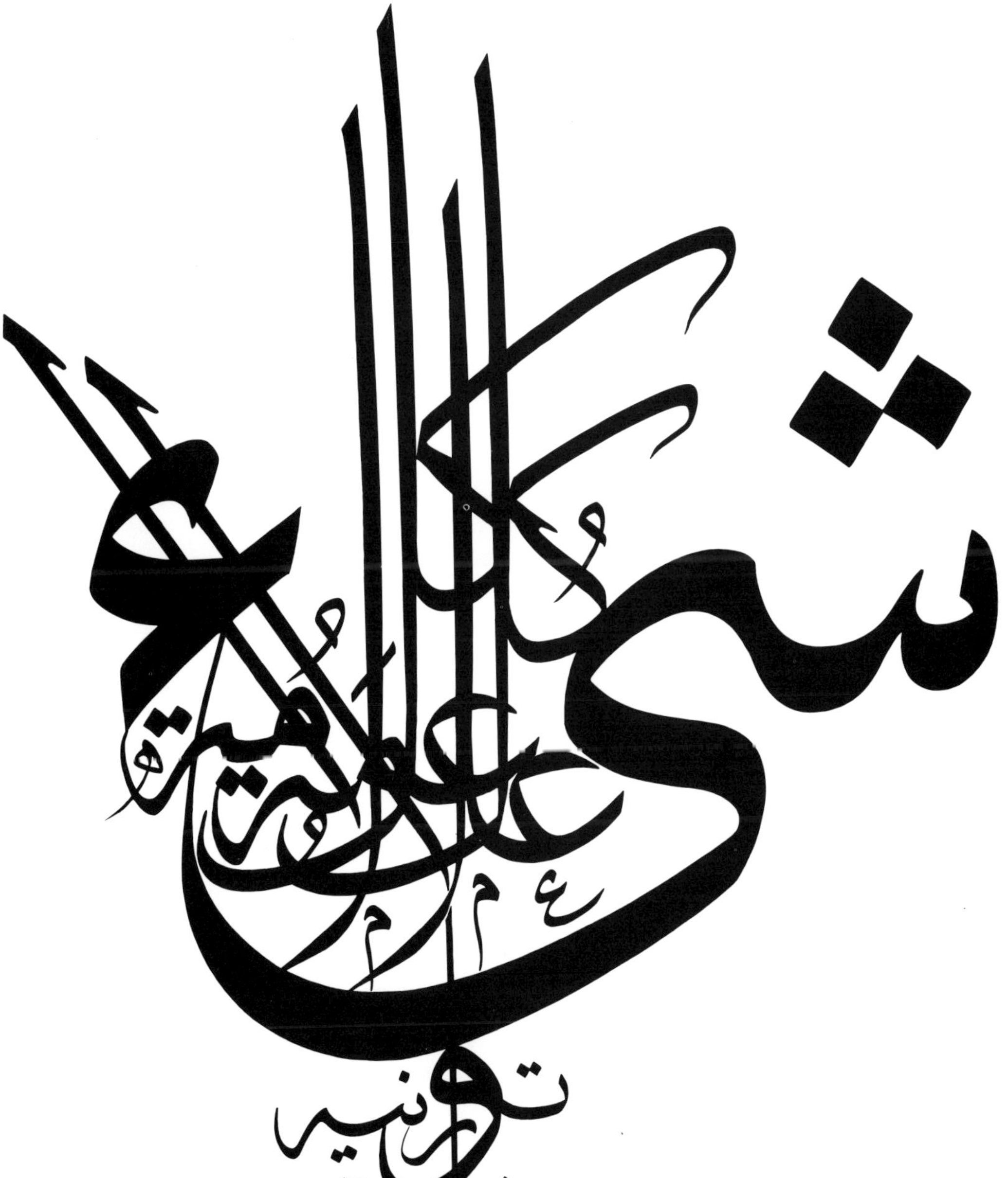

لا تستطيع الريح تعلمُ شيءٍ من الحَجَر - مثل عربي - ١
السقوط ليس فشلاً ، إنما الفشل أن يبقى الانسانُ حيث سَقَط - سقراط - ٢
اليأس هو من أكبر أخطائنا - فوفنارج - ٣
العاري لا يترك أي شيءٍ يسقط - مثل ياباني - ٤

1. Le vent ne peut rien apprendre du pavé. Proverbe arabe
2. La chute n'est pas un échec, l'échec est de rester où on est tombé. Socrate (Vᵉ s. av. J.-C.)
3. Le désespoir est la plus grande de nos erreurs. Vauvenargues (1715-1747)
4. Qui est nu ne laisse rien tomber. Proverbe japonais

1

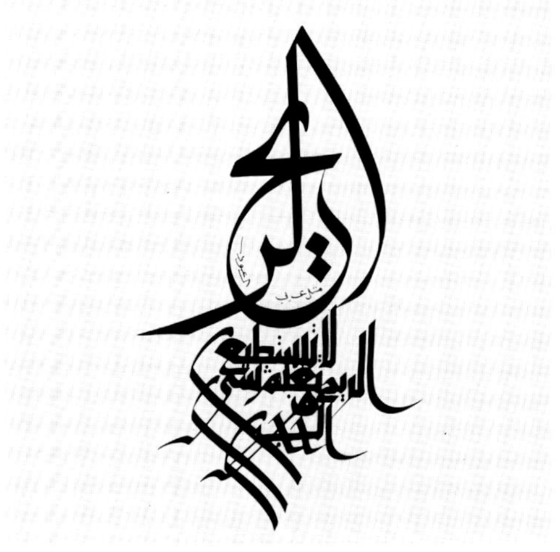

2

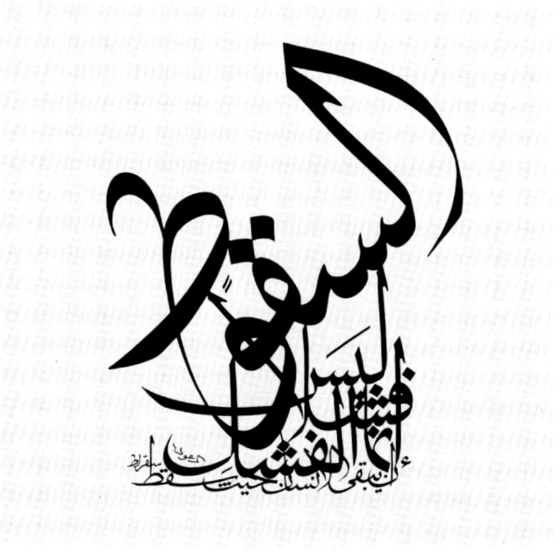

3

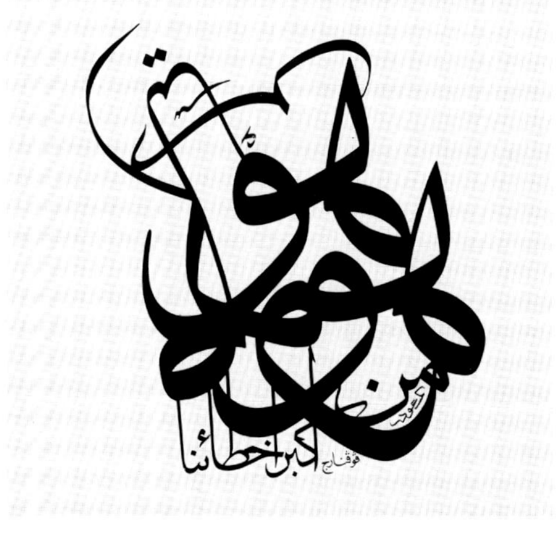

4

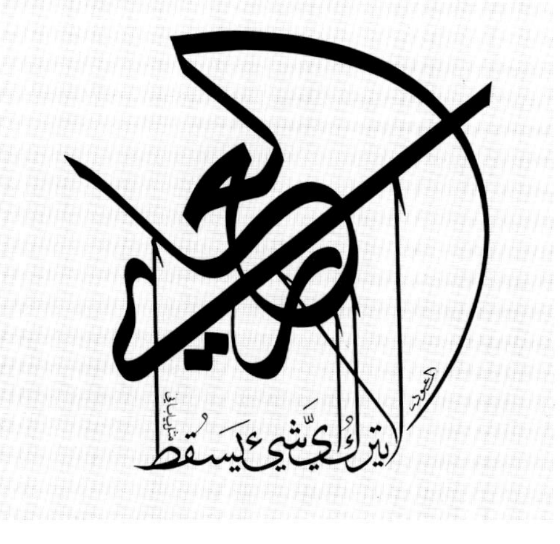

النصوص

معنى النصّ شيءٌ، وخطّ هذا النص شيءٌ آخر، ويرتبط الاثنان ارتباطاً حميماً أحياناً. فالخطّ ليس تثبيت النصّ فقط، إنما هو تشكيلة مجردة أيضاً، تجعل من رؤى الخطاط الداخلية شيئاً مادياً، فضلاً عن نظرته الى العالم. وقد تستدعي هذه التشكيلة الاناقة أو الديناميكية، الخفة أو القوة، بل الدعابة أيضاً.. وقد تكون التشكيلة بعيدة كل البعد عن المضمون.

العلاقة بين الأشكال الفضائية للحروف السوداء، والبياض المحيط بها تُرتّب ترتيباً مُنتظماً اصولياً دقيقاً. رُبّ خطاط تقليديّ، مُتمكن من فنّه ماهر فيه، يُنجز تشكيلة قوية تحمل في طيّاتها أحاسيس وأفكاراً، تكون كالجسر نحو المعنى الحقيقيّ للكلمات المخطوطة. وان من ينظر الى تشكيلة خطيّة يتقبّل أول الأمر الشحنة الجماليّة. أمّا معنى النص المخطوط، فيأتي في مرحلة ثانية.

أجل ان الخط حروف. وهو كتابة نصّ ينطوي على معنى. لكنّ الخطاط في لحظة إنجاز الخط إنما يتجاوز كلّ هذا مُستسلماً لعالمه الداخليّ. لأنّ لحظة انسياب التعبير إنما هي لحظة يتقاسمها الحدس والمعرفة.

CONTENU

La signification d'un texte est une chose, sa calligraphie en est une autre, parfois les deux sont intimement liées. La calligraphie n'est pas seulement la fixation d'un texte, mais aussi une composition abstraite qui exprime une conception du monde.

Le rapport entre la forme spatiale des lettres noires et la blancheur qui l'entoure sera étudié avec méthode et minutie. Le calligraphe traditionnel, connaissant à la perfection son art, fera naître une composition puissante, porteuse de sentiments et d'idées, passerelle pour mener au sens réel des mots écrits. Celui qui regarde une calligraphie en perçoit d'abord l'aspect plastique, seulement ensuite le sens. Souvent même l'information est brouillée par les effets esthétiques.

La dimension calligraphique vient de la richesse et de la variété des niveaux de perception : la composition ou forme globale, puis l'équilibre ou le déséquilibre suggéré par les espaces blancs et noirs, le rythme, puis le déchiffrage du sens premier des mots et du sens sous-jacent de ceux-ci.

اعرف نفسك بنفسك - سقراط - ١
« لا تعرف الحق بالرجال ، إعرف الحق ، تعرف الرجال ،، تشكيلة خطية عملت لكتاب لوسيان سعادة عن بني هلال - ٢
من دق دق - مثل عربي - ٣
شعار جمعية « وجوه »، الثقافية - ٤
لو تنساك السعادة مؤقتا لا تنساها أبدا - جاك بريفير - ٥

1. Connais-toi toi-même. Socrate (ve s. av. J.-C.)
2. Tu ne peux connaître la vérité par les hommes ; connais la vérité, alors tu connaîtras les hommes.
   Calligraphie réalisée pour *La Geste hilalienne*, Lucienne Saada, Gallimard (1985)
3. Qui frappe, sera frappé. Proverbe arabe
4. Sigle de l'association « Visages ».
5. Même si le bonheur t'oublie un peu, ne l'oublie jamais tout à fait. Jacques Prévert (1900-1977)

1

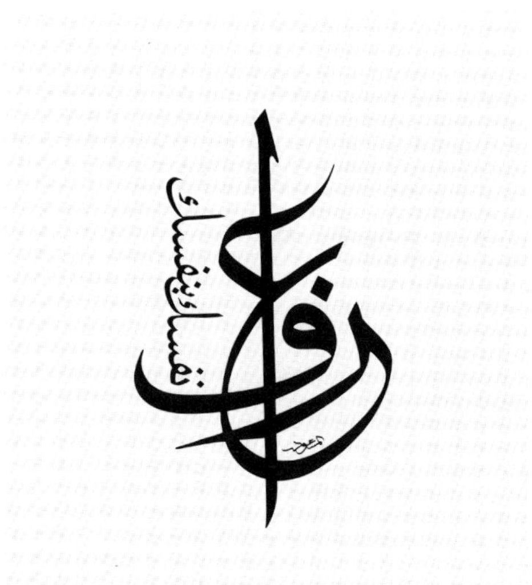

2

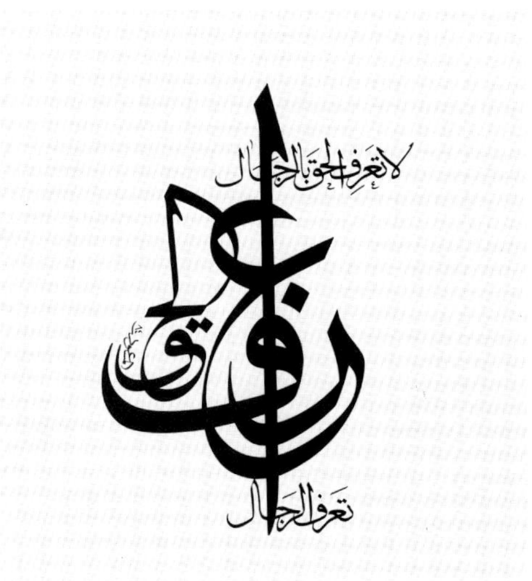

3

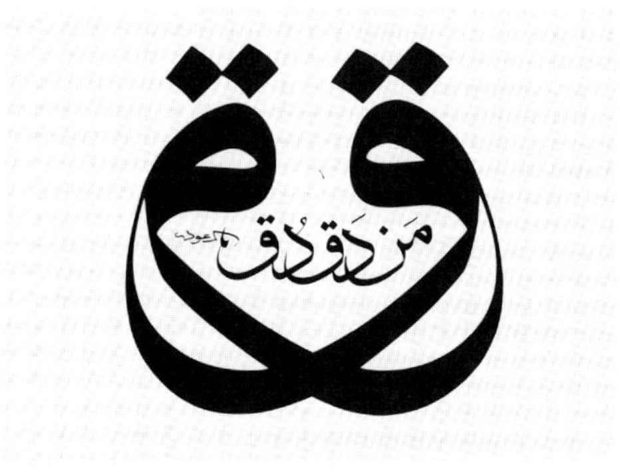

4

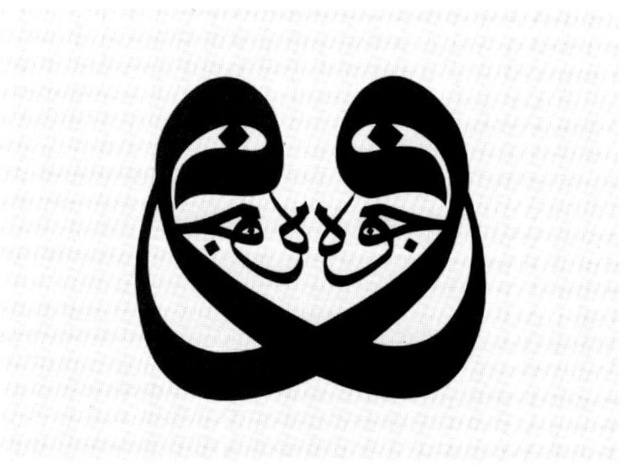

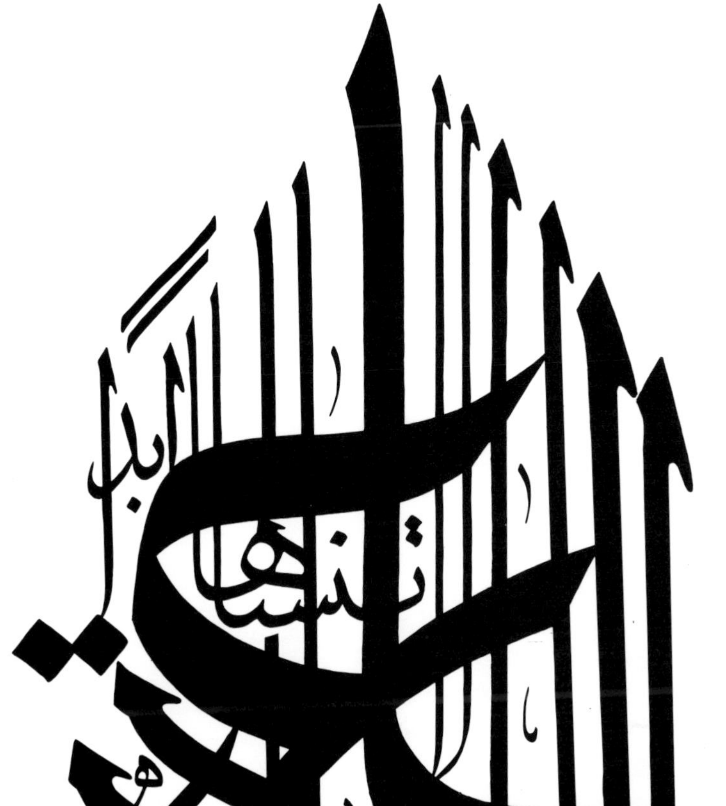

5

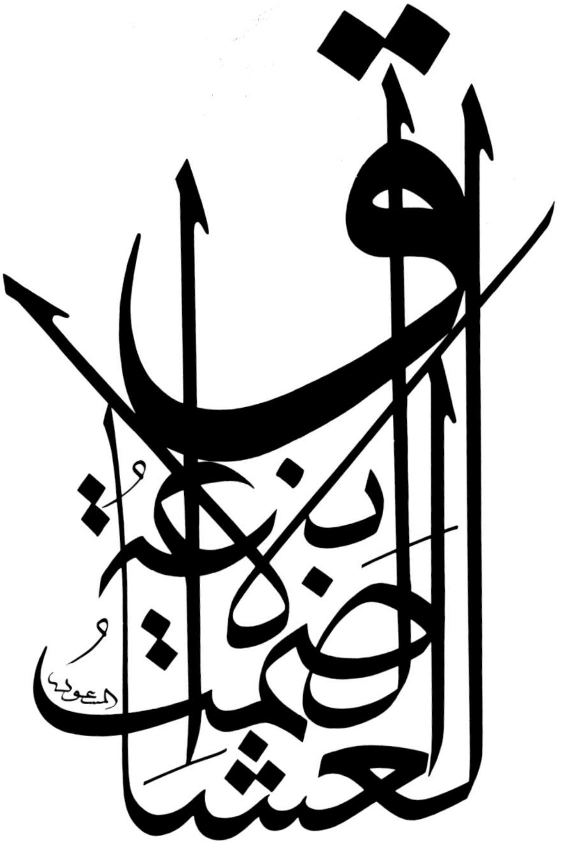

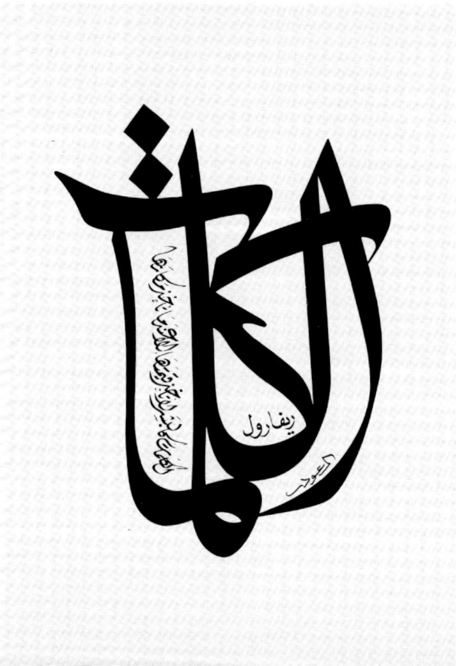

الصَمتُ بَلاغَة العُشَّاق - مثل اسباني -

Le silence est la rhétorique des amants. .
Proverbe espagnol

قل الخَيرَ وإلا فاسكت

Si ce que tu as à dire n'est pas
plus beau que le silence,
alors tais-toi.

الكلماتُ كالبَشَر، لا تأخُذُ قيمتَها إلا عندما تأخذُ مَكانها
ريفارول

Les mots, comme les hommes,
ne valent qu'autant qu'ils sont à leur place.
Rivarol (1753-1801)

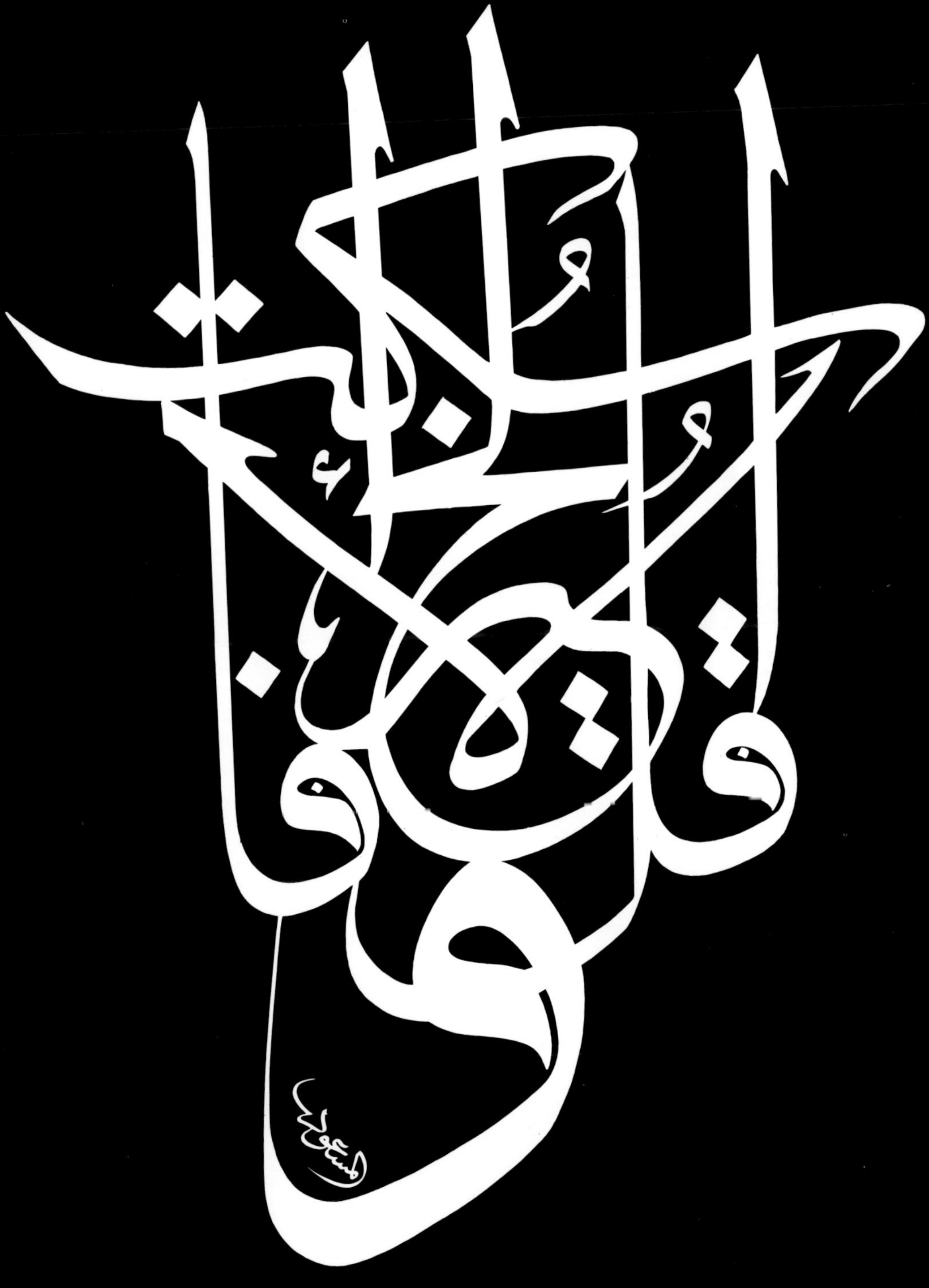

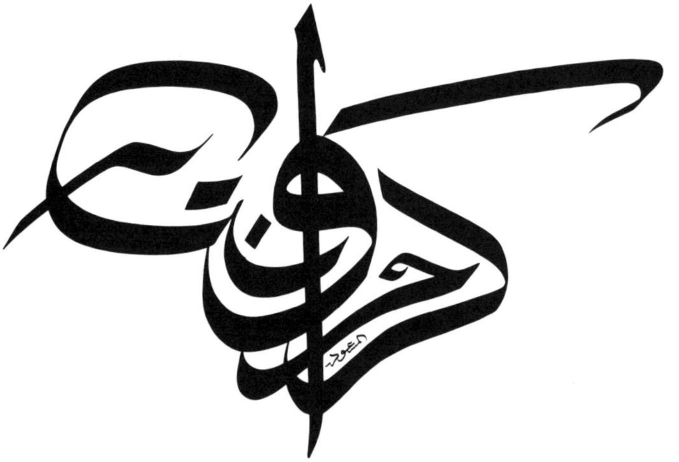

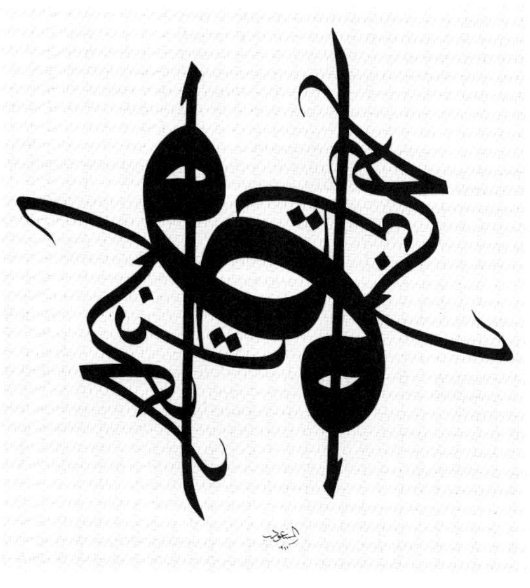

▲

◀ Avance et tu seras libre.
Chaddad (VIe s.)

كر وأنت حر - شدّاد

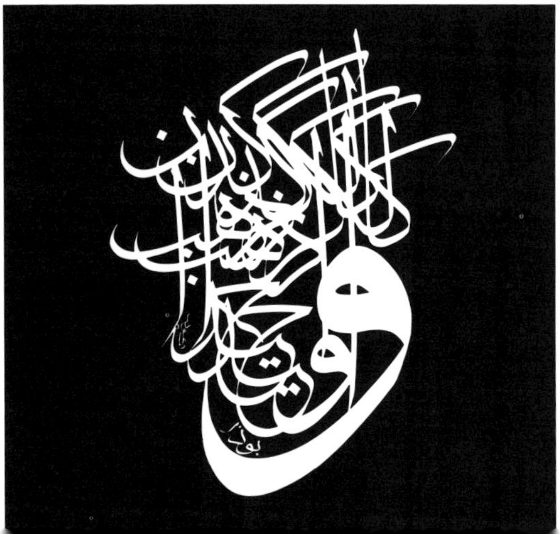

Va seul comme le rhinocéros.
Bouddha (Ve s. av. J.-C.)

إذهب وحيدًا كالكركدن - بوذا -

لكي تكبر لابدّ أن ترتعد - رينه شار -

Il faut trembler pour grandir.
René Char,
cité par Guy Lévis Mano, *La Source mobile* (1966)

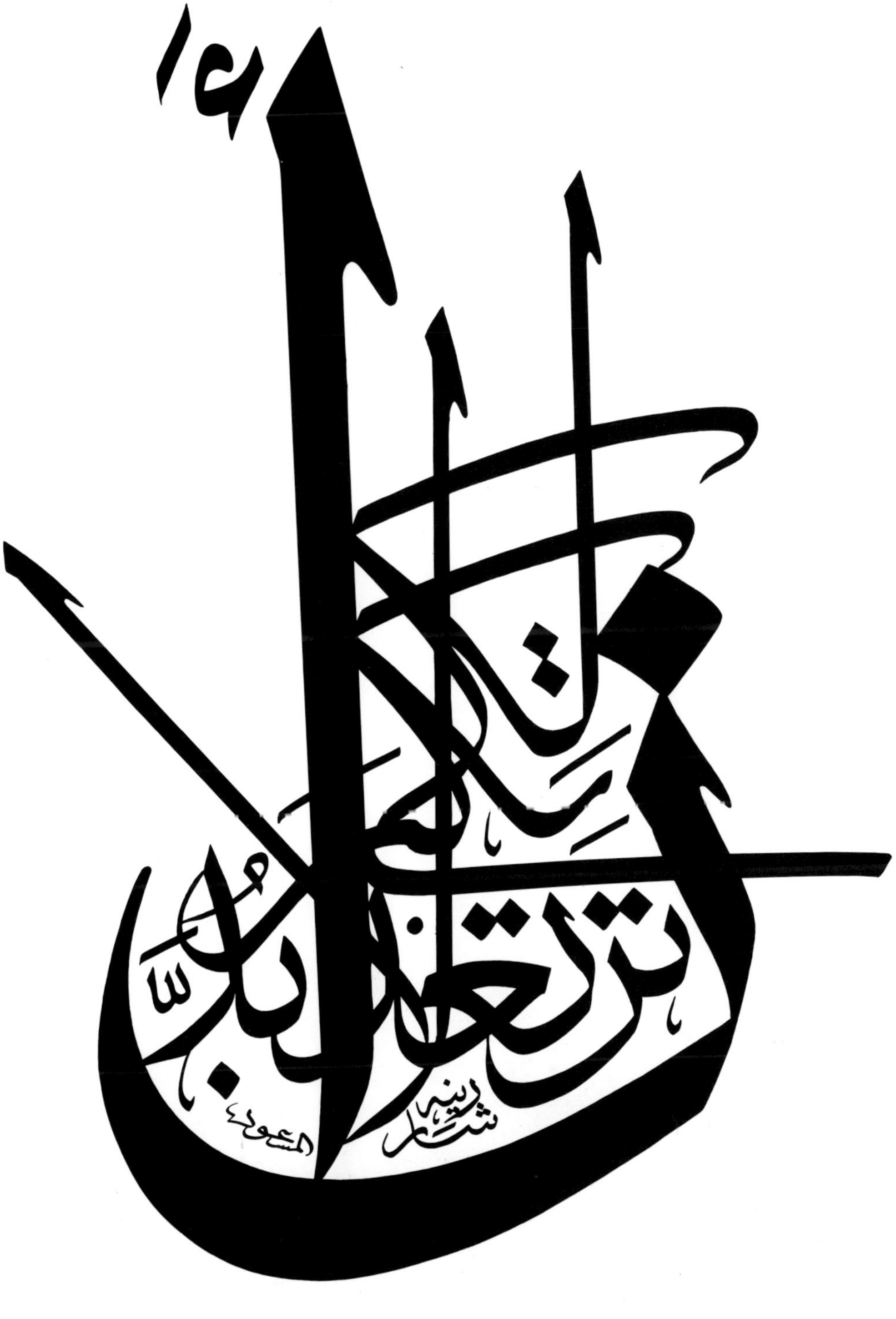

لا تشكر النهار قبل أن يدلهمّ الليل - مثل افريقي -

Ne remercie pas le jour avant qu'il fasse noir.
Proverbe africain

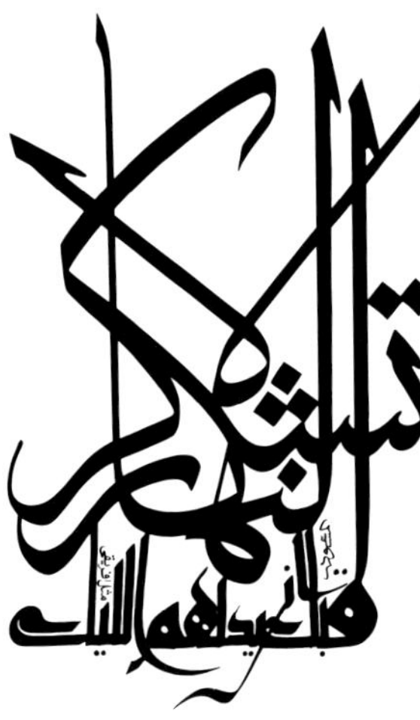

هل جزاء الأحسان إلا الأحسان ؟

La récompense de la bonté n'est-elle pas la bonté ?

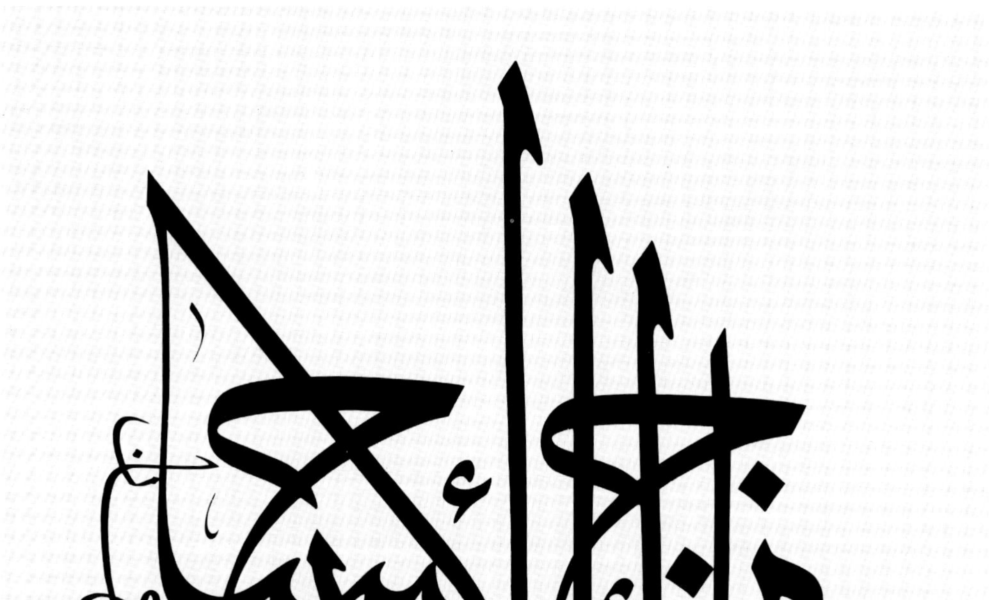

التمرين

رغم ان السرعة هي ميزة الزمن المعاصر، لا يمكن، في مجال الخط، تجاوز المراحل المطلوبة بسرعة، إذ يحتاج الخطاط الى سنوات عديدة للتعلم. وكذلك لابدّ من هضم الثقافة التي تحوط فنّه، والتمرين المستمرّ عبر أعمال كبار الخطاطين، بغية اكتشاف عناصر القوة في هذه الخطوط، مما يساعده على تطوير رؤآه الجمالية، ويكون الخطاط هنا كشجرة الفاكهة التي تتطوّر وتتغذى من الأرض ببطء لإنماء فاكهتها حتى النضوج. وكما ان لكلّ فاكهة طعمها وعطرها، فلابدّ من المراحل نفسها في مجال الخطّ، اذ يحتاج الخطاط إلى زمن كي تنضج خطوطه.

التمرين المستمرّ يؤدي الى ايقاظ المعرفة الكامنة في الجسم بأكمله، والى ايقاظ الآف الفوارق الدقيقة وتفجيرها، ويعيد الى الذهن الحركات المرهفة داخل الحروف، والتي قد ينتسى قسم منها، إذا توقف الخطاط بين فترة واخرى عن الخطّ.

في لحظة انجاز الخطّ، تلتقي ثقافة الخطاط ومعرفته وحالته النفسيّة، وتتركّز متوجهة كالسهم نحو منقار القصبة حيث تولد النقطة، وعندما تتحرك النقطة، يولد الخطّ ثم الكلمة، الكلمة التي تولد من الحبر كالدّم النازف من العروق، منصهرة في الحبر ومنبثقة من طرف القصبة. فينصهر الخطاط حسيّا مع الخط، يكون الخط جزءا منه وهو جزء من الخط.

PRÉPARATION

Au cœur de notre trépidant XXe siècle, où prédominent rapidité et rentabilité, la calligraphie reste un art tout de patience, dont on ne peut brûler les étapes. Le calligraphe a besoin de nombreuses années d'apprentissage et doit assimiler toute la culture relative à son art. Il doit faire des exercices en copiant les grands maîtres : la découverte de leurs richesses contribuera à affiner sa vision esthétique.

Un arbre fruitier se développe lentement et puise dans la terre sa sève qui mènera à maturité ses fruits et donnera à chacun son goût, sa couleur, son parfum. C'est ainsi que le calligraphe doit mûrir sa calligraphie. L'exercice éveille le savoir lentement amassé dans les fibres de son corps, et libère des milliers de nuances.

Savoir et état d'âme du calligraphe s'orientent, se concentrent et convergent vers le bec du roseau, là naît le point, le trait, le mot, sorti de l'encre comme le sang de ses veines. Il se fond tout entier dans son encre pour renaître à l'extrême pointe de son roseau.

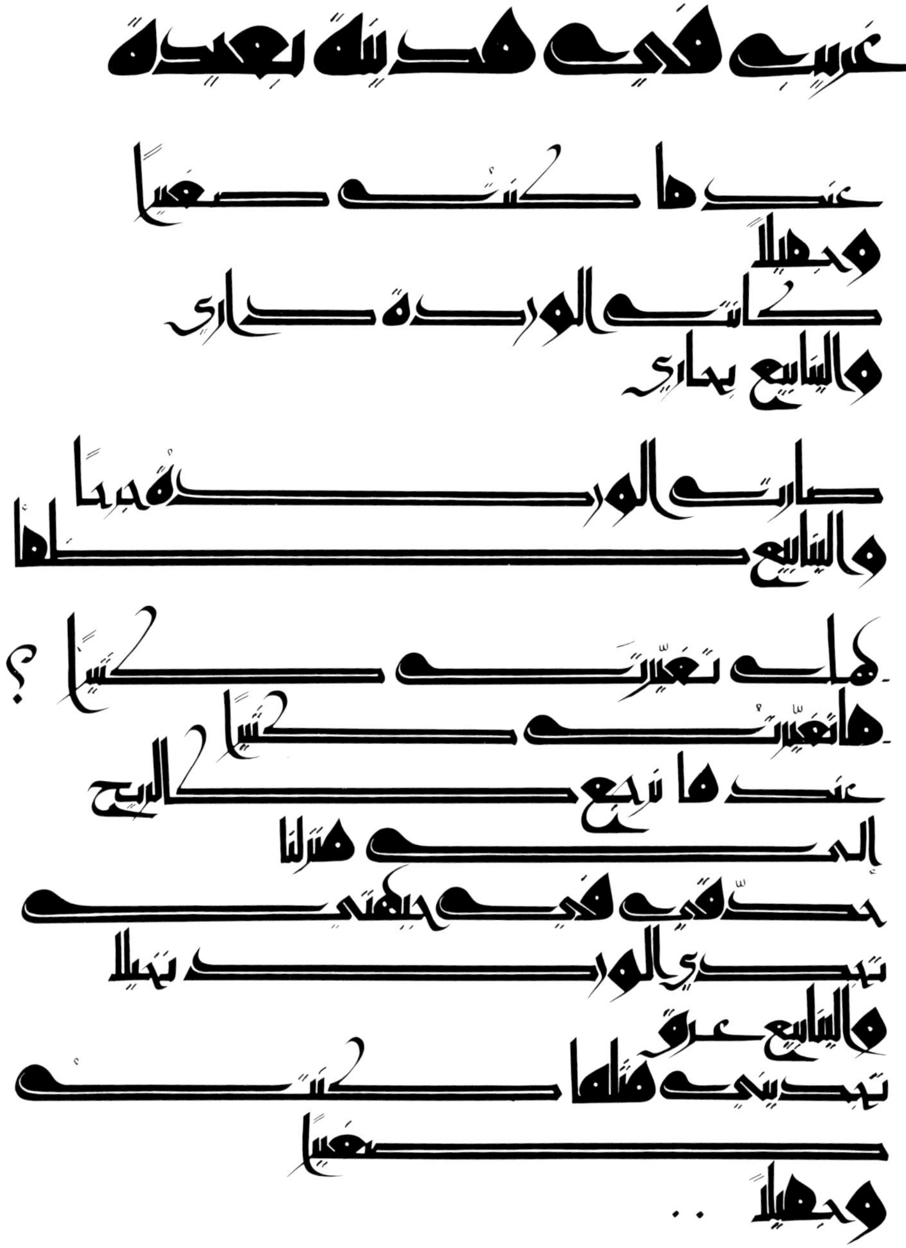

شعر محمود درويش - إثنين من عشرين خط عُملت لتجاور محفورات رشيد القريشي

Poème de Mahmoud Derwich, éd. Mensa, Madrid (1984)
2 des 20 calligraphies accompagnant des gravures de Rachid Koraïchi.

إلى أمي

أحنُّ إلى خبز أمي
وقهوة أمي
ولمسة أمي ..
وتكبر فيَّ الطفولة
يوماً على صدر يوم
وأعشق عمري لأني
إذا متُّ ،
أخجل من دمع أمي !

خذيني ، إذا عدتُ يوماً
وشاحاً لهدبكْ
وغطّي عظامي بعشبٍ
تعمّد من طهر كعبكْ
وشُدّي وثاقي ..
بخصلة شَعر ..
بخيطٍ يلوّح في ذيل ثوبكْ ..
عساني أصيرُ إلهاً
إلهاً أصير ..
إذا ما لمستُ قرارة قلبكْ !

ضعيني ، إذا ما رجعتُ
وقوداً بتنور ناركْ ..
وحبل غسيل على سطح داركْ
لأني فقدتُ الوقوفَ
بدون صلاة نهاركْ
هَرِمتُ ، فردّي نجوم الطفولة
حتى أُشاركْ
صغار العصافير
درب الرجوع ..
لعشّ انتظاركِ !

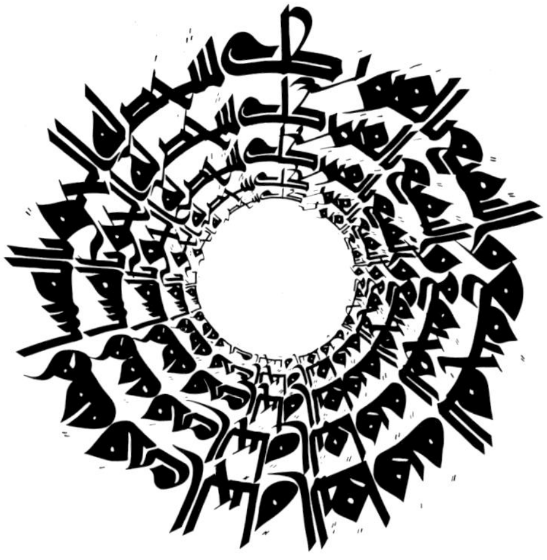

Toute personne a le droit de prendre part librement à la vie culturelle de la communauté et de jouir des Arts.
Déclaration universelle des droits de l'homme

كل شخص له الحق بالمساهمة .
في الحياة الثقافية للمجتمع
والتمتع بالفنون
- الميثاق العالمي للدفاع
عن حقوق الإنسان -

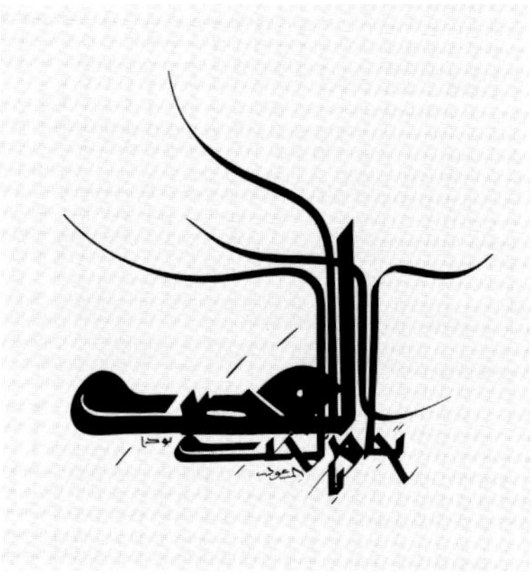

Que l'homme surmonte la colère par l'amour.
Bouddha (Ve s. av. J.-C.)

تجاوز الغضب بالحب - بوذا -

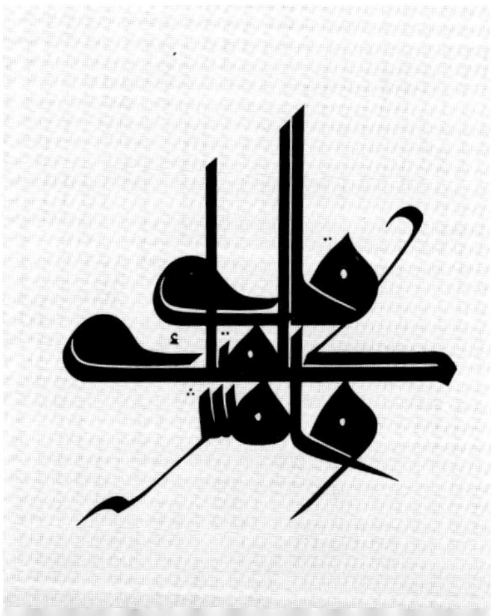

Dis ton mot et passe ton chemin.

قل كلمتك وامش

البلد الذي أفضله هو الأرض كلها - ناظم حكمت -

Le pays que je préfère, c'est la terre entière.
Nazim Hikmet (1901-1963)

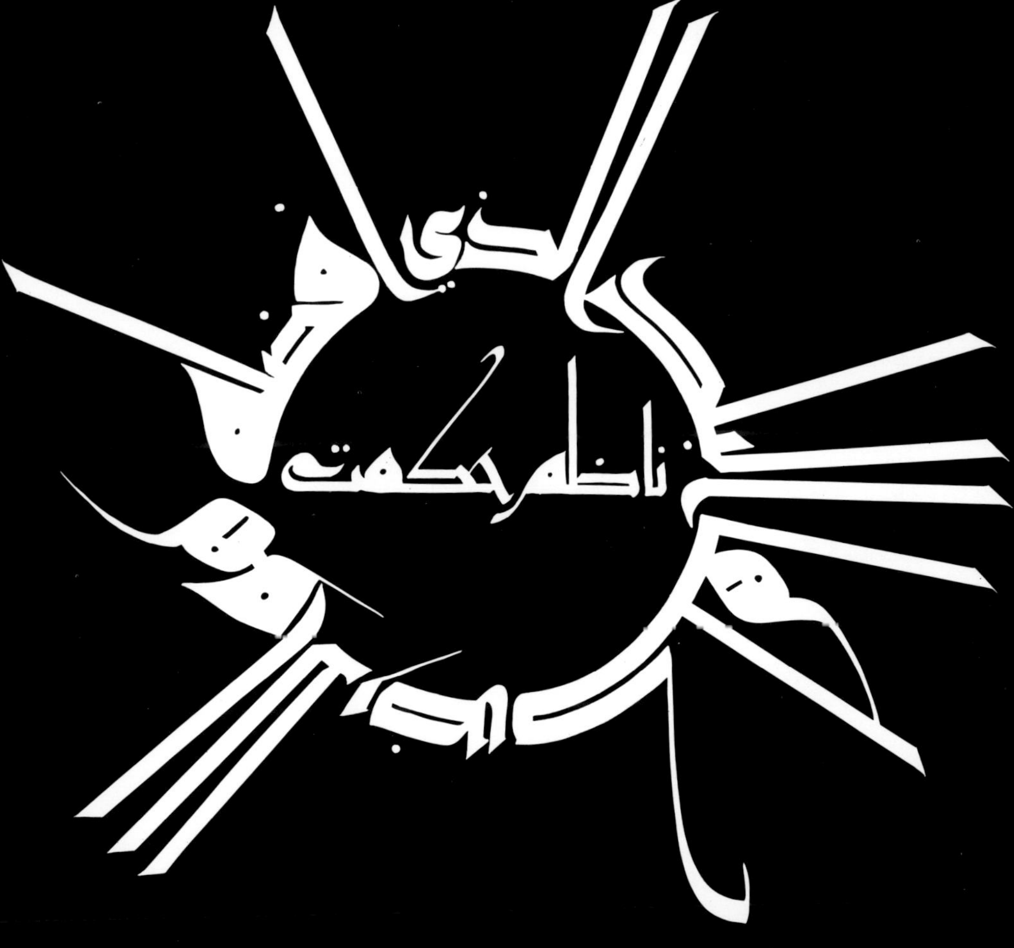
ناظم حكمت

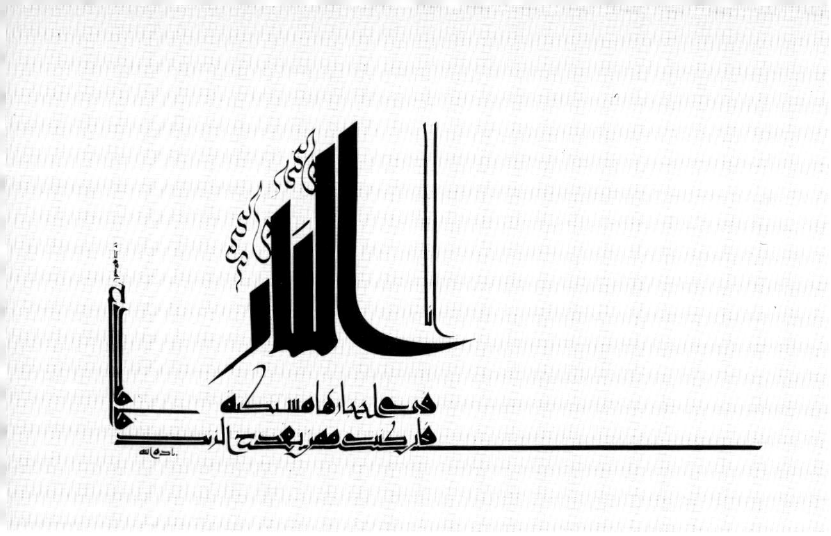

1

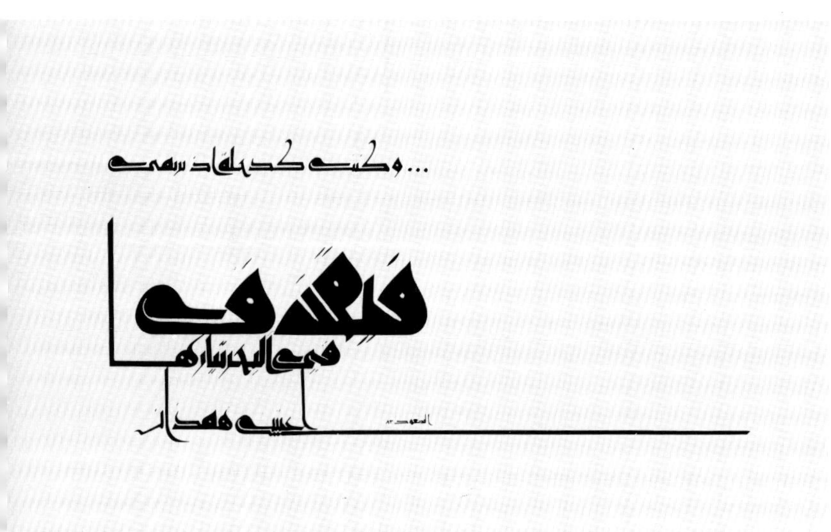

2

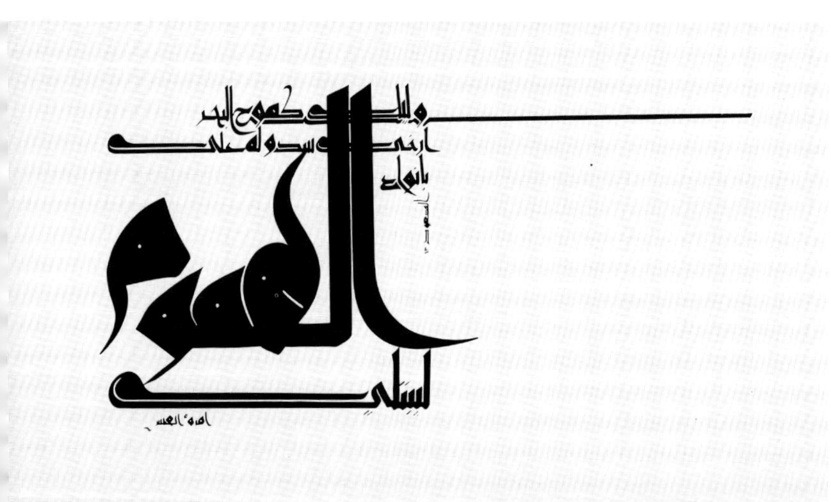

3

أربع خطوط كوفيّة مُختارة من مجموعة سبعة ، عُملت لكتاب أوبرا فيردي "لوتروفير" الأوبرا الوطنيّة - بروكسل

١- أنا النارُ في أحجارها مُستكِنةٌ فان كُنتَ ممن يَقدَحُ الزَندَ فأقدح زيادة الله - امير القيروان - ٨١٧ م
٢- وكنتُ كدجلة إذ ترتمي فيقذفُ في البَحرِ تيارها - أعشى همدان -
٣- وليل كموج البَحرِ أرخى سدوله عليّ بأنواع الهموم ليَبتلي - امرؤ القَيس - القرن الرابع
٤ - أدينُ بدينِ الحُب انّى توجَهت ركائبهُ فالحبُ ديني وأيمَاني - ابن عربي - القرن الثالث عشر

4 des 7 calligraphies réalisées pour le programme du **Trouvère**
de Verdi. Opéra national de Bruxelles. Mise en scène Pierre Constant (1984)

1. Je suis le feu tapi dans la pierre.
Si tu es de ceux qui font jaillir l'étincelle, alors frappe. Ziadetallah. Kairouan (IXe s.)

2. J'étais le Tigre fougueux qui s'élance
Et jette dans la mer ses torrents. A'acha Hamadan

3. Une nuit semblable aux vagues de la mer m'enveloppe de ses voiles de soucis et me cherche bataille. Omru Al Qays (IVe s.)

4. Je crois en la religion de l'amour, où que se dirigent ses caravanes, car l'amour est ma religion et ma foi. Ibn Arabi (XIIIe s.)

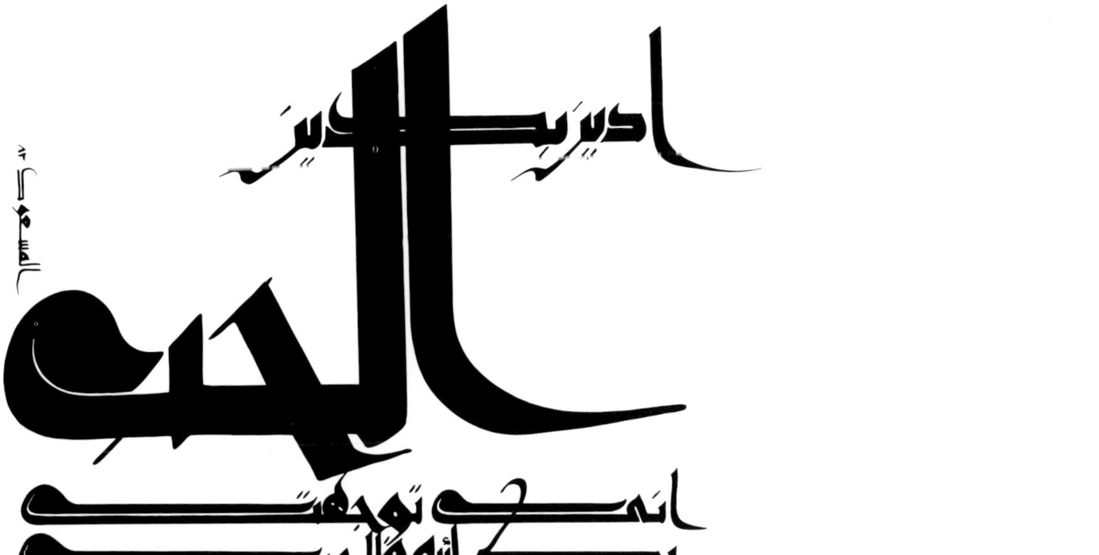

4

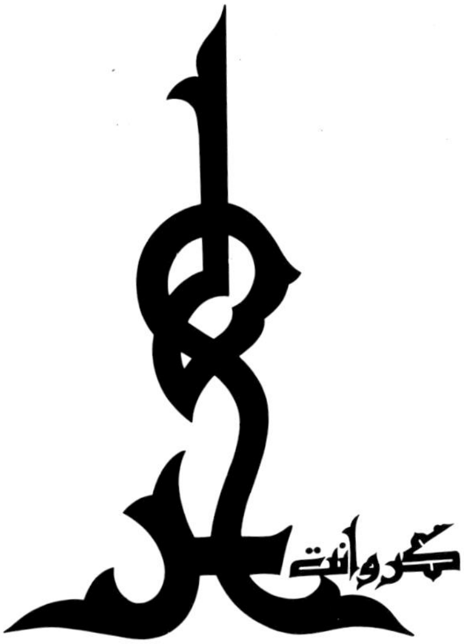

Avance et tu seras libre. Chaddad (VIe s.)

كر وأنتَ حُر - شداد -

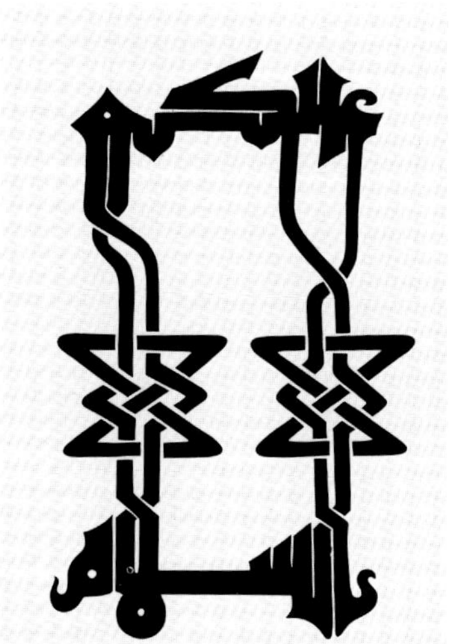

La paix sur vous.

السلام عليكم

العدو الأكبَر للفَن هَو الذوق الجيّد - مارسيل دوشامب -

Le grand ennemi de l'art, c'est le bon goût.
Marcel Duchamp (1887-1965)

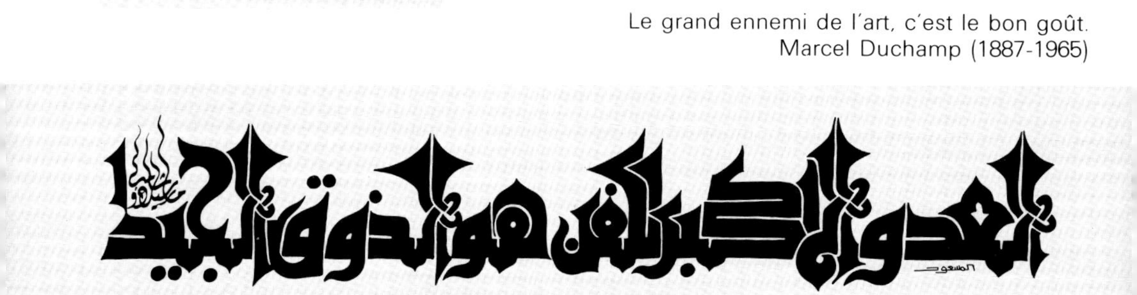

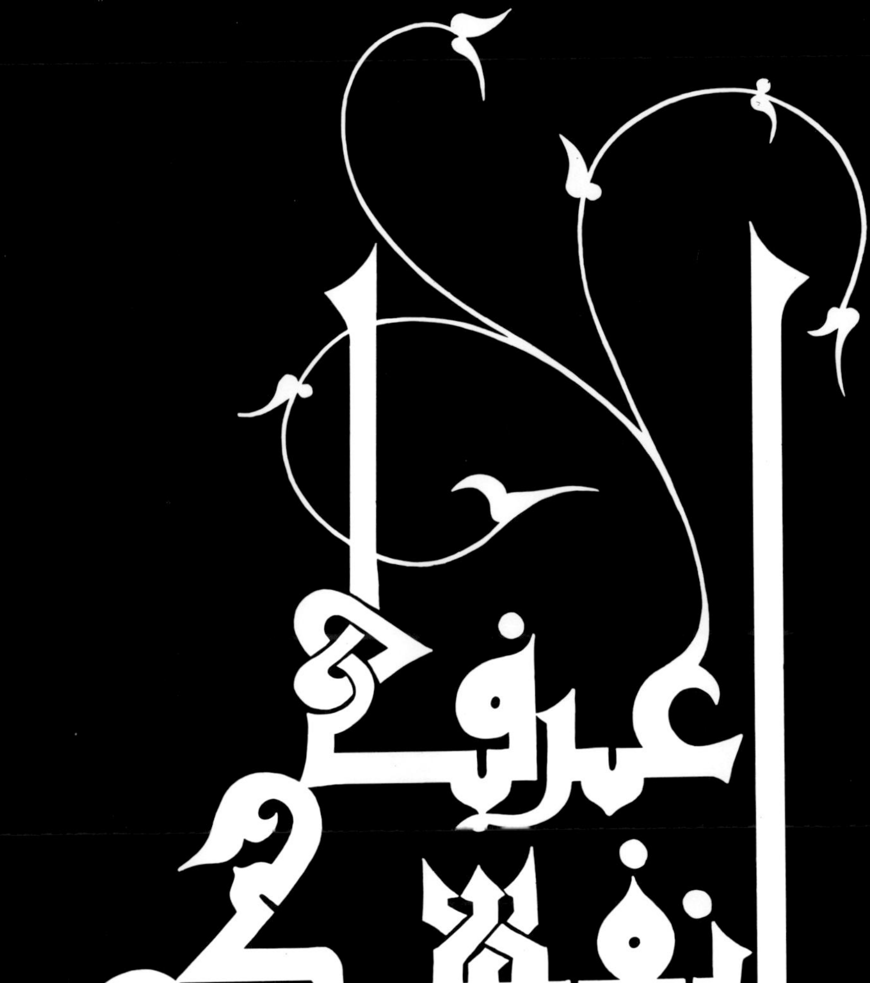

اعرف نفسك بنفسك - سقراط -

Connais-toi toi-même. Socrate (ve s. av. J.-C.)

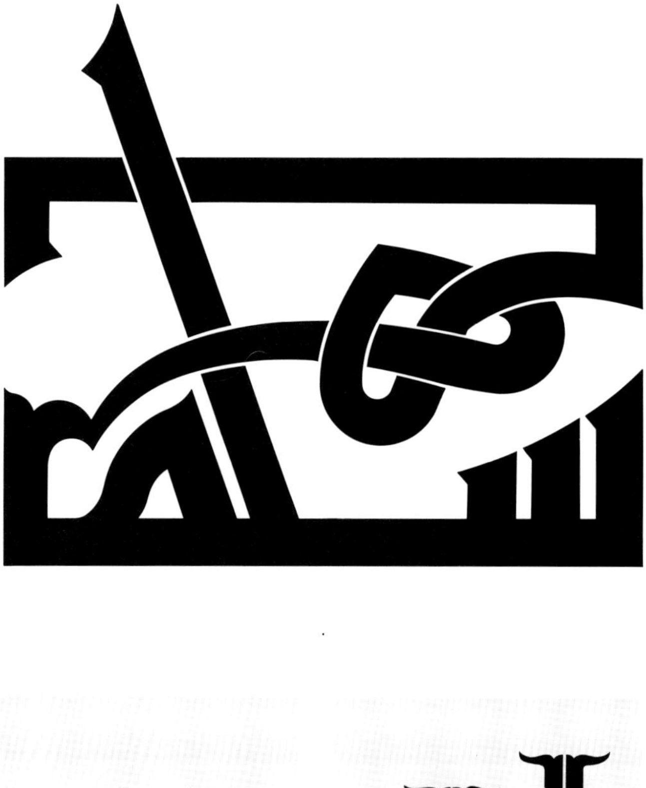

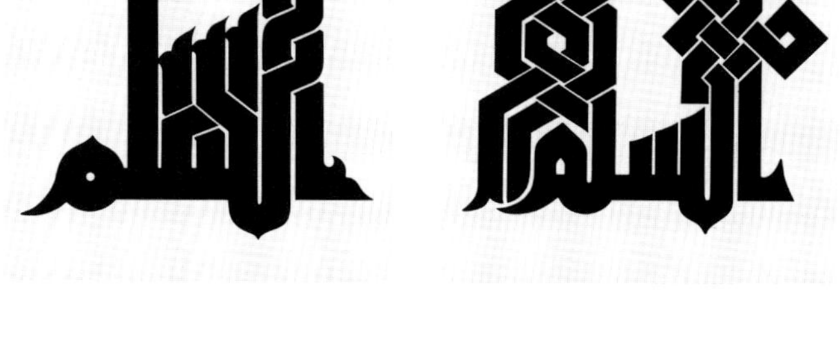

٤ خطوط : السلام

4 calligraphies : « La paix ».

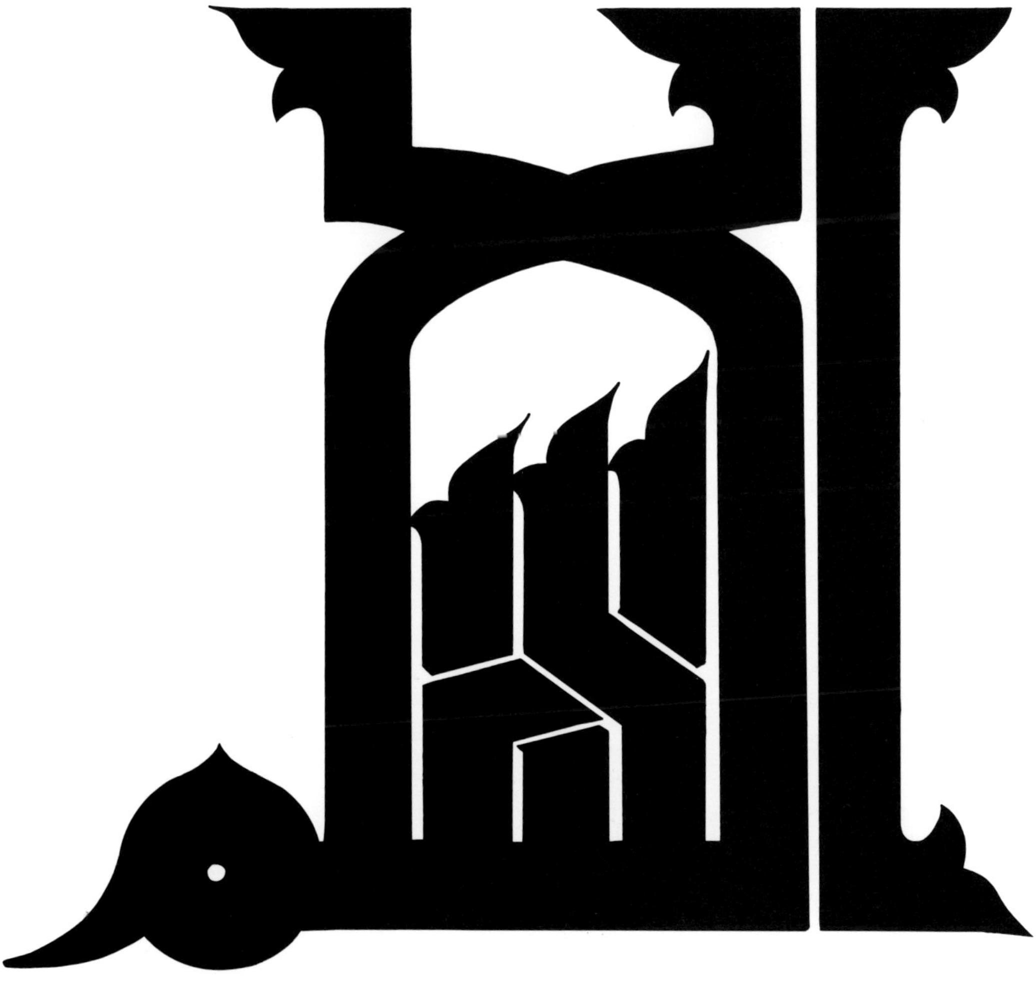

التنفس

إن مدى قدرة الخطاط على حبس تنفسه تنعكس في نوعية حركاته الخطية. في الواقع يتنفس الإنسان تنفسا آليا. ولكن عندما يمارس الخط، لا يمكن أن يكون الشهيق والزفير آليين. ويتعلم الخطاط الناشئ بادئ بدء كيفية السيطرة على التنفس، والاستفادة من توقف في الحرف للتنفس ثانية. فإن هبوط ألف أو صعوده، ومدة باء و سين، أو استدارة حاء وعين، لا يمكن أن تكون جيدة دون حبس التنفس.

قبل خط الكلمة يعرف الخطاط أين يتوقف. آنذاك يتنفس ويزود القصبة بالحبر. كل هذه الوقفات مدروسة. وتكون في أماكن معروفة بشكل دقيق. وأن يكن للقصبة كمية كافية من الحبر للاستمرار فالخطاط يتوقف في المكان المرتقب. ثم يتزود بالهواء وبالحبر كذلك.

الخطاط الذي يواصل الخط بالطرق التقليدية، لا يحب استعمال الريش المعدنية التي لها مخزن للحبر. وذلك لأن الحبر يسيل بسهولة واستمرار من هذه الأدوات، فيحث على السرعة، مما لا يتيح للخطاط السيطرة على حروفه كما يسيطر عليها بالطريقة التقليدية، التي أصبحت تتم تقريبا بشكل لا إرادي، حيث يتلذذ الخطاط بالبطء ويتحسس ثقل الزمن.

SOUFFLE

La capacité du calligraphe à retenir sa respiration se reflète dans la qualité de son geste. Il existe une technique respiratoire. Normalement on respire instinctivement. Le calligraphe apprendra, tout au long de sa formation, à maîtriser sa respiration et à profiter d'un arrêt dans le dessin de la lettre pour la reprendre.

Un mouvement poussé ou tiré ne sera pas le même si l'on inspire ou si l'on expire en le faisant. Lorsque le mouvement est long, pour que la ligne reste pure, le calligraphe retient son souffle afin qu'il n'intervienne pas dans le geste. Avant de calligraphier une lettre ou un mot, il faut prévoir les endroits où il sera possible de reprendre son souffle et par la même occasion de reprendre de l'encre. Ces arrêts se font à des endroits précis et codifiés, même si l'on peut encore retenir sa respiration et s'il reste de l'encre dans le roseau. Les arrêts servent donc à refaire le plein d'air et d'encre.

Les calligraphes qui perpétuent les méthodes traditionnelles n'aiment pas utiliser les plumes métalliques à réservoir car elles provoquent un flux d'encre ininterrompu qui rend inutile une telle maîtrise et fait perdre au calligraphe le plaisir de sentir le poids du temps.

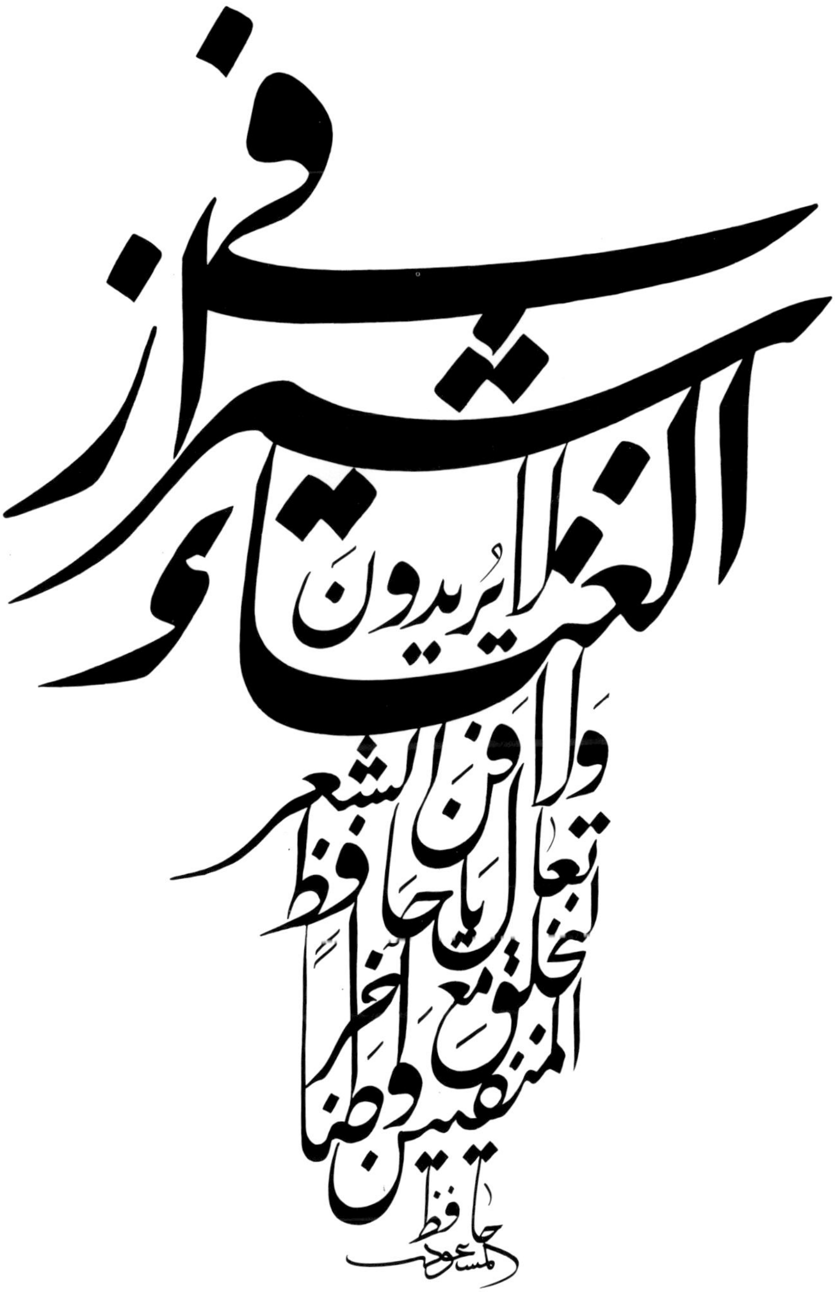

في شيراز لايُريدون الغناء ولا فن الشعر، تعال يَاحافظ ، لنخلق مَعَ المنفيّين وَطناً آخر - حافظ ١٣٥٠م -

A Chiraz on ne cherche plus ni le chant ni l'art des poèmes.
Viens, ô Hafiz, exilons-nous et inventons d'autres pays.
Hafiz, (XIVe s.) *Dis-moi, ma vie,* Traduction Pierre Seghers

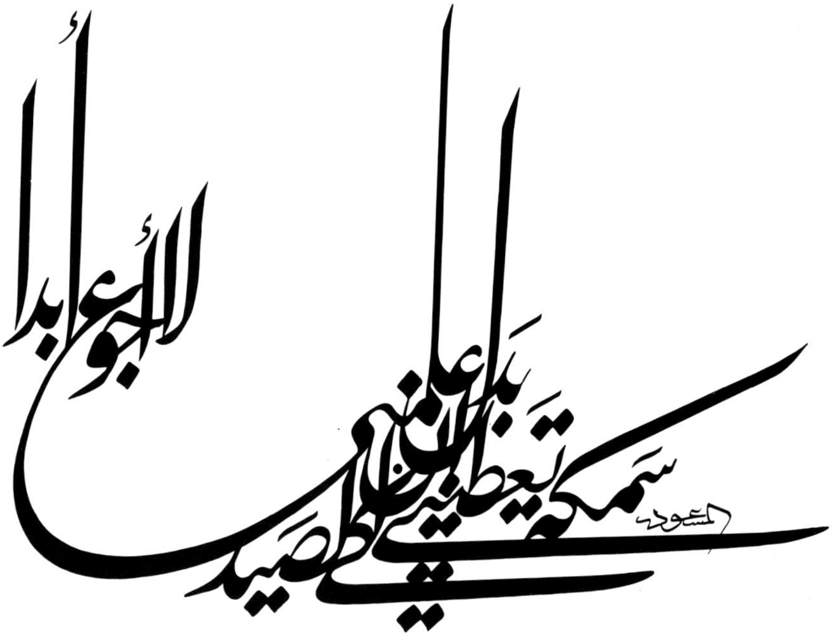

علمني الصَيد بَدَل أن
تَعطيني سَمكةً كي لا أجوع ابَداً
كونفشيوس

Apprends-moi plutôt à pêcher au lieu de me donner un poisson pour que je ne connaisse plus la faim. Confucius (VIe-Ve s. av. J.-C.)

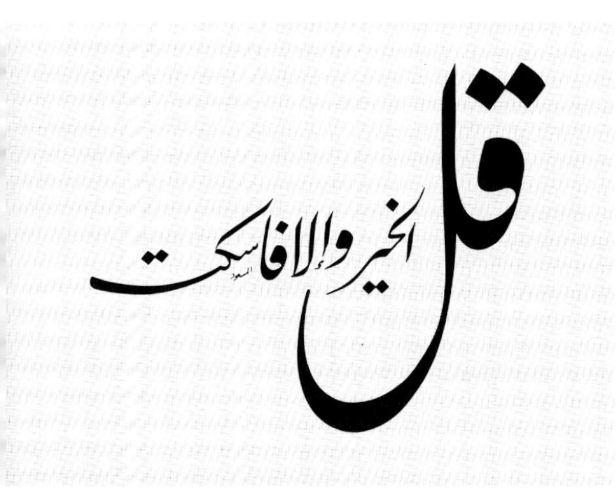

قل الخير والاَّ فاسكت

Si ce que tu as à dire n'est pas plus beau que le silence, alors tais-toi. Proverbe arabe

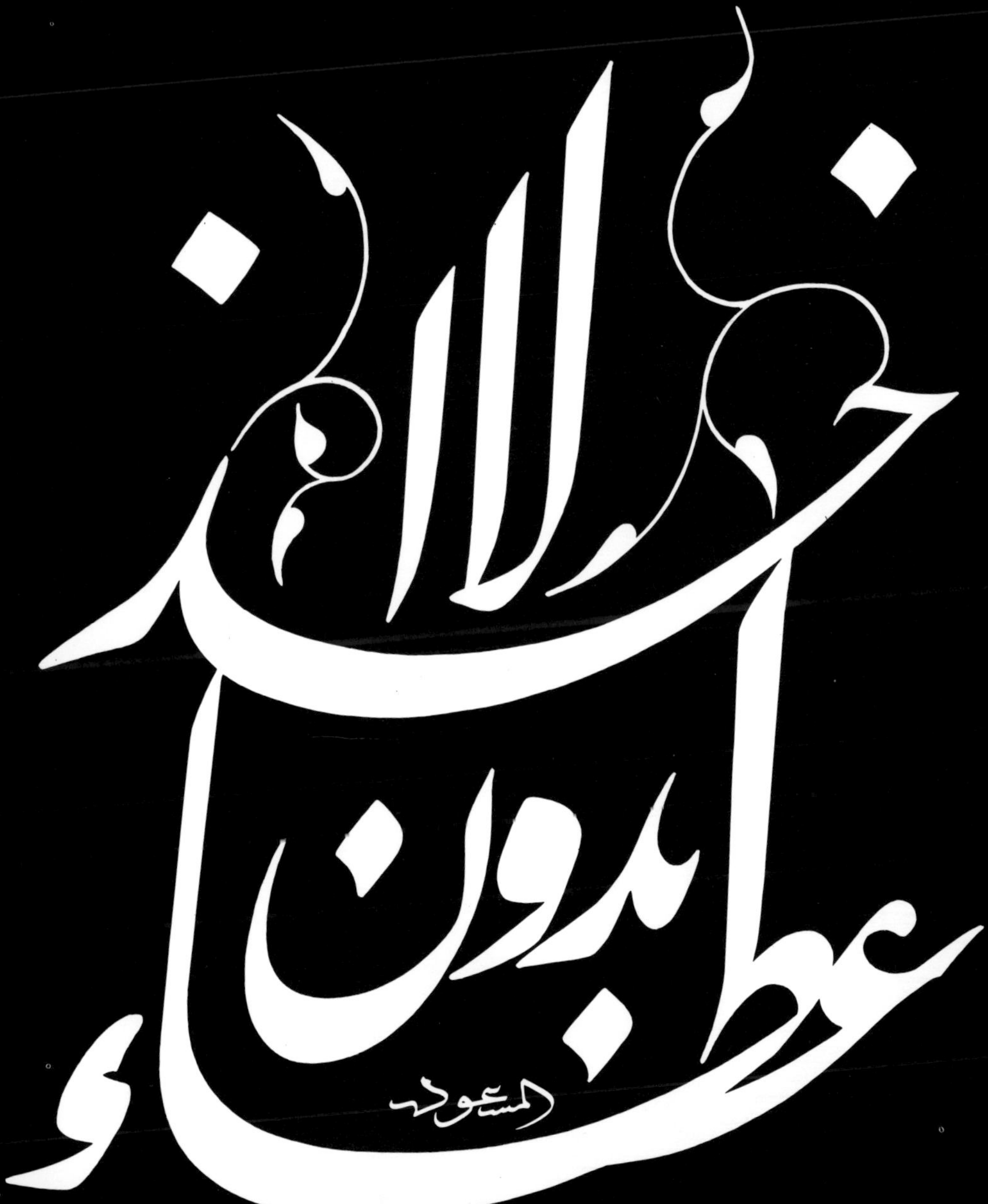

لا أخذَ بدون عطاء

Ne pas prendre sans donner.

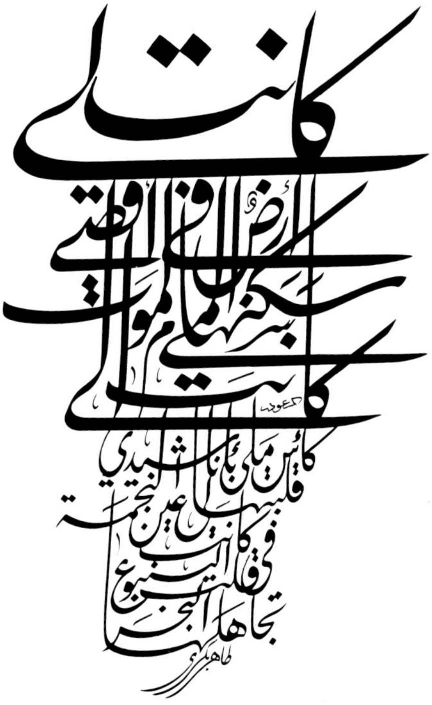

1

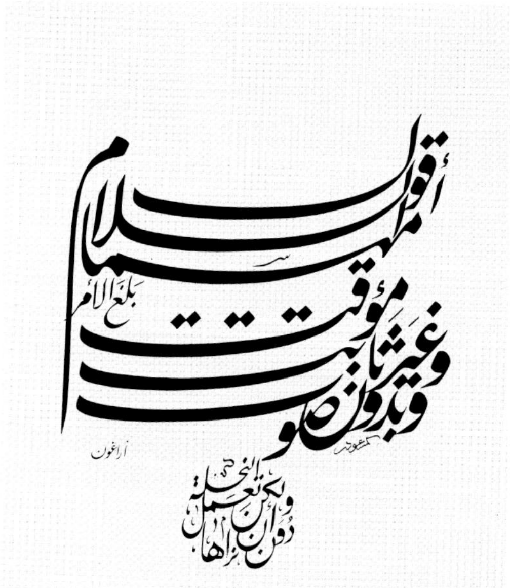

2

١- كانت لي أرض في أقصى ألمي
سَكنها الموت
كانت لي كأس مليء بأناشيدي
قلبتها النجمة
كانت لي عين في قلب الينبوع
تجاهلها البحر - طاهر بكري - نشيد الملك الطليل - / نشر الهارمتان -

٢- أقول السَلام مَهمَا بَلغ الأمر ، مُؤقت وَغير ثابت وبدون صوت
ولكن النحلة تعمَل ، دون أن نراها - آراغون -

٣- في قلبي غليَان وَعَذاب - كوفيدو - ١٥٨٠ - ١٦٤٥

1. [...] J'avais une terre au bout de ma peine
La mort l'a habitée
J'avais une coupe de mes chants pleine
L'étoile l'a renversée
J'avais une source au sein de la fontaine
La mer l'a ignorée [...].
Tahar Bekri, *Le Chant du roi errant*, L'Harmattan (1985)

2. Je dis la paix vaille que vaille
Précaire fragile sans voix
Mais c'est l'abeille qui travaille
Sans qu'on l'a voie.
Aragon (1897-1982)

3. [...] Il y a dans mon cœur fureurs et peines. Quevedo (1580-1645)

3

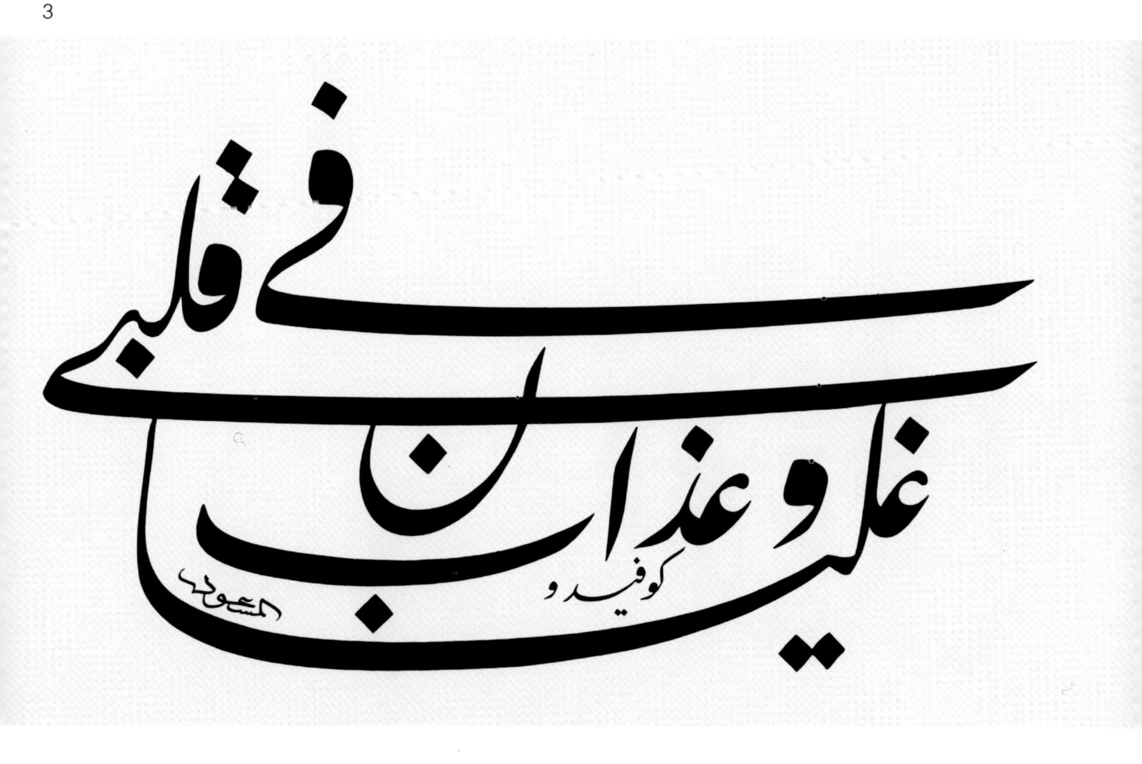

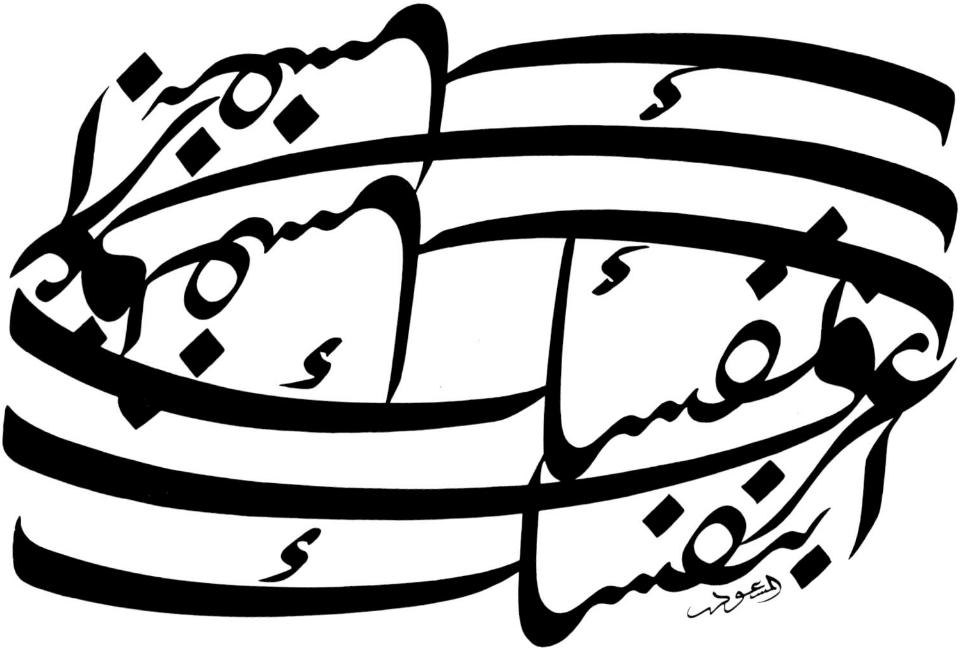

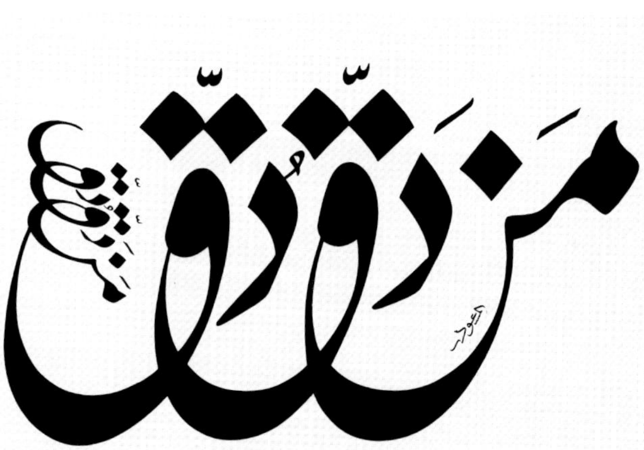

إعرف نفسك بنفسك - سقراط -

Connais-toi toi-même.
Socrate (ve s. av. J.-C.)

مَن دَق دُق - مثل عربي -

Qui frappe sera frappé.
Proverbe arabe

الحبر

كان يعتقد الخطاطون القدماء بأنّ الحبر هو جوهر كل الحروف التي تُرسم على الورق بواسطة القلم: « إنّ الحروف في مجموعها مُركبة بحبر الدواة ، ولن تتميّز في ما بينها طالما وُجدت هناك ». الجرجاني
إثناء اللحظة عينها التي يُغترف فيها الحبر من الدواة بواسطة القلم ، ويتشبّع القلم بالمداد ، تتحقق الحروف وتتميّز في ما بينها .

إهتمّ أكثر الخطاطين بالحبر وتحضيره ، مما عمّق وعيهم لهذه المادة الملوّنة ولسطح الحرف . ولكن عندما تكتمل ولادةُ الحروف على يد الخطاط التقليديّ ، وتتشكّل الكلمات تكون مقدسة . فنرى بالتالي انّه حمّل الحبر احاسيس عميقة . ولعلّ هذه الأحاسيس بالنسبة الى خطاط معاصر وجرّاء توسّع استعمال الخط في مجالات متعددة ، قد خفّت وطأتها وأنعدمت أحيانًا . على انّ اهتمام الخطاطين بالحبر لايزال يتّسم بالأهميّة نفسها . وان صناعة الحبر انطلاقًا من موادّ ، نبيلةً كانت أو عاديةً ، تسترعي انتباههم ، فيحضّرون حبرهم بفن ومحبة ، وهكذا تصبّ كلّ خفايا صناعته وتتدفّق بواسطة القلم في الحروف على الورق .

ENCRE

Les anciens pensaient que l'encre est l'essence de toute lettre, libérée sur le papier par le calame : « Les lettres sont rassemblées synthétiquement dans l'encre de l'encrier. Elles ne recevront jamais la distinctivité tant qu'elles s'y trouveront. A l'instant où l'encre, contenue dans l'encrier, puisée par le calame, pénètre en lui, les lettres réalisent, sous son effet, leur distinctivité [...]. » (Le maître Soufi Jurjâni.)

C'est ainsi que les calligraphes se sont intéressés de près à l'encre et par là même à sa préparation. Ils ont pris conscience de la matière colorée et de la surface de la lettre. Mais lorsque les lettres trouvent leur achèvement dans la fabrication de mots, sous la main d'un calligraphe traditionnel, ces mots lui deviennent sacrés. Il charge l'encre de sentiments, mais peut-être plus qu'elle ne peut en contenir.

Même si l'encre a perdu une partie de son caractère sacré aux yeux du calligraphe contemporain, elle n'en garde pas moins la magie de sa fabrication, transmise par toutes les matières nobles ou moins nobles qui la composent. Elle doit être fabriquée avec art et amour afin de communiquer sa finesse au flux du calame transcrivant la lettre sur le papier.

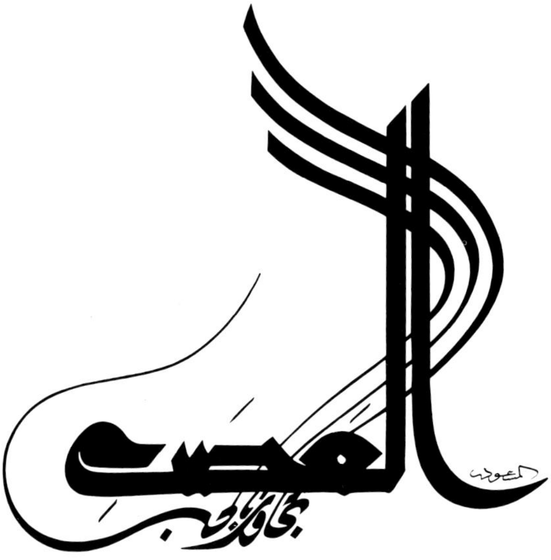

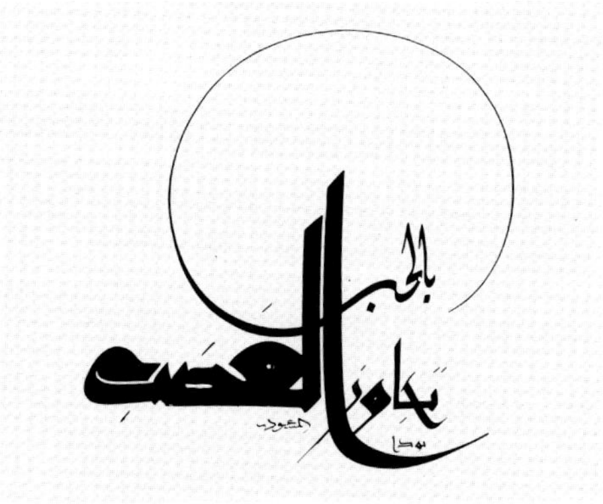

▲

▶ ثلاث خطوط : تجاوز الغضب بالحب - بوذا -

◀ 3 calligraphies :
Que l'homme surmonte la colère par l'amour.
Bouddha (ve s. av. J.-C.)

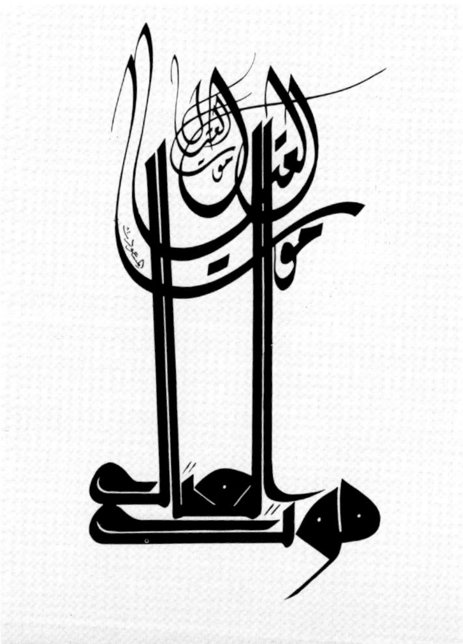

إحدى مجموعة خطوط عملت لمجموعة قصصية
للكاتبة أندرة شديد تحت عنوان "الجلد المستضيق"
نشر: دار العرب - باريس - ١٩٨٤

Une des calligraphies
réalisée pour *L'Étroite Peau*,
Andrée Chédid, éd. Dar Al Arab, Paris (1984)

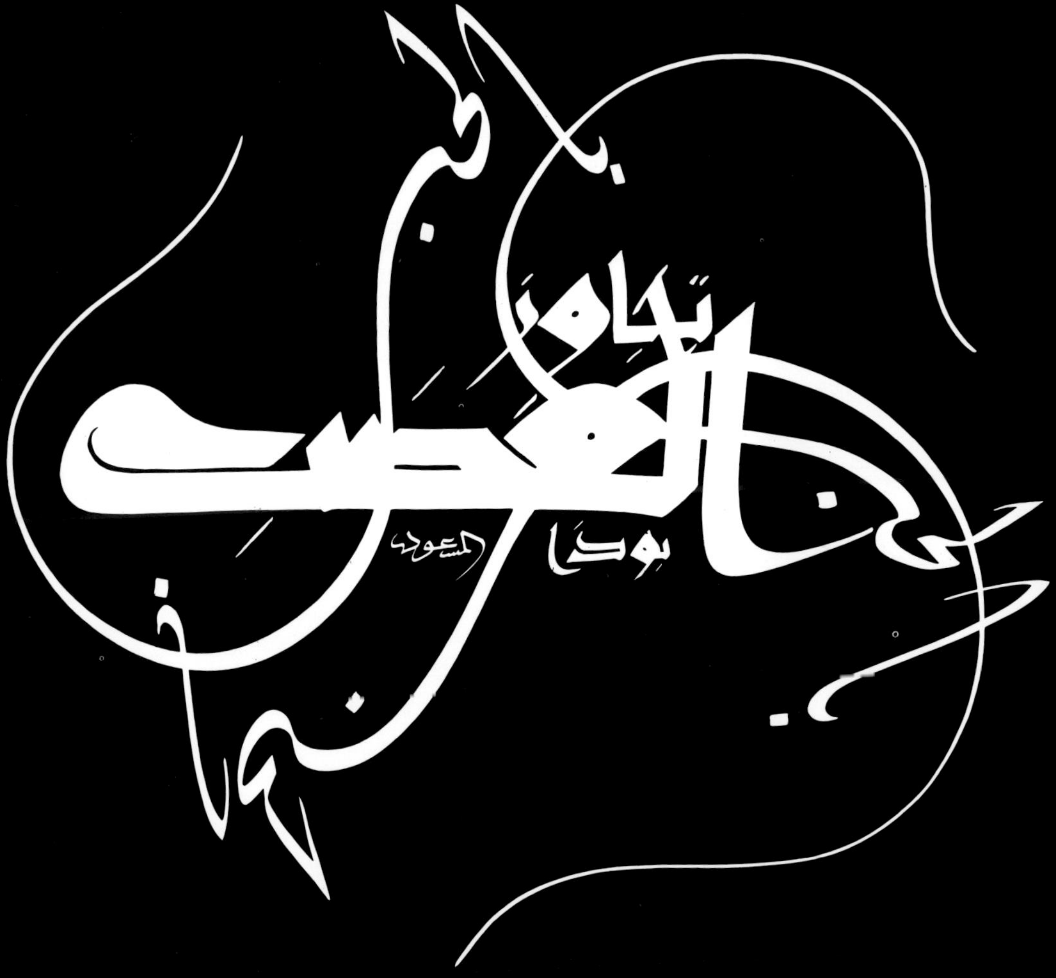

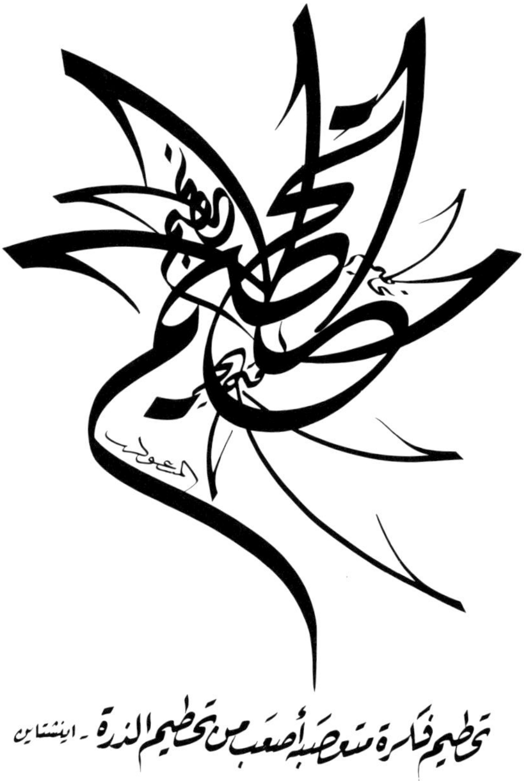

Il est plus difficile de briser un préjugé qu'un atome. Einstein (1879-1955)

تحطيم فكرة مُتعصبَة أصعَب من تحطيم الذرة - اينشتاين -

ضع الأشياء بمكانها ، تضعك هي بمكانك - مثل عربي -

Mets les choses à leur place,
elles te mettront à la tienne.
Proverbe arabe

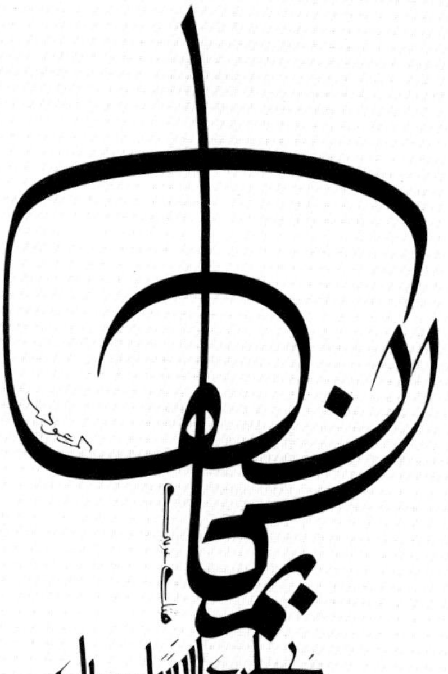

في صراع الماء والنار ، تموت النار دومًا
مثل اسباني

Dans la lutte de l'eau et du feu,
c'est toujours le feu qui meurt.
Proverbe espagnol

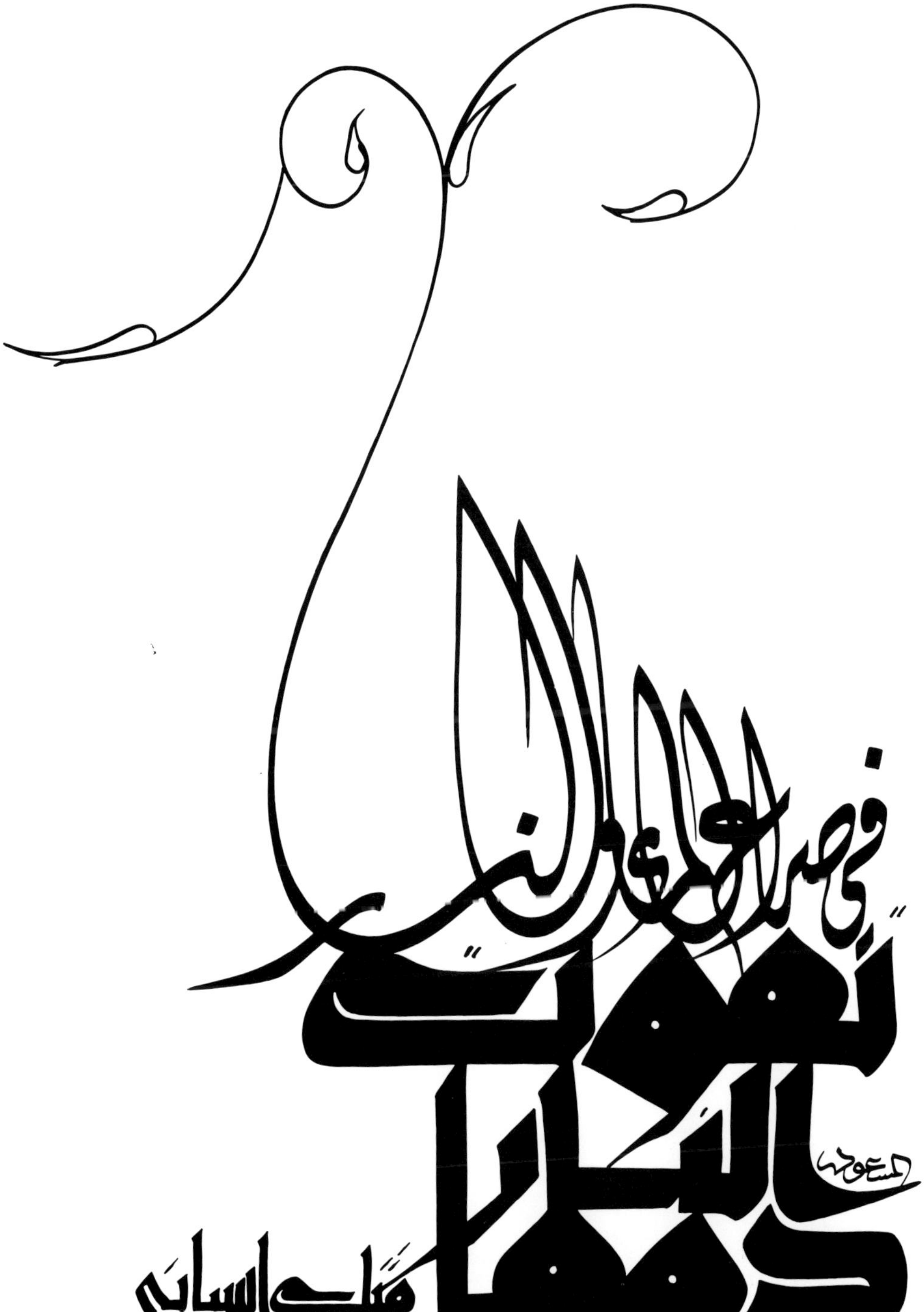

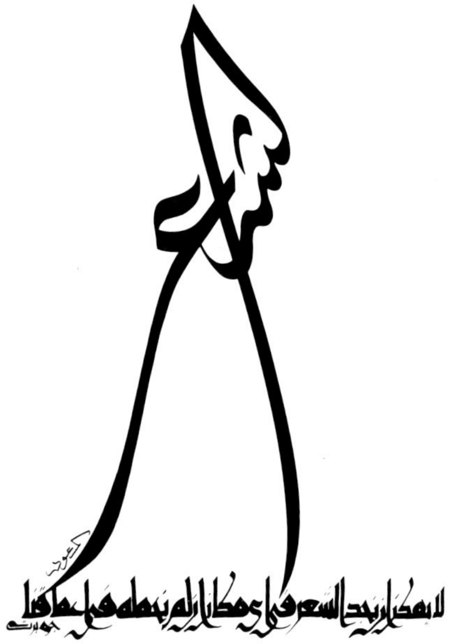

لا يمكن أن نَجد الشعرَ في أي مَكان
إن لَم نحملهُ في أعمَاقنا - جوبرت - ١٧٥٤ - ١٨٢٤

On ne peut trouver de poésie nulle part
quand on n'en porte pas en soi.
Joseph Joubert (1754-1824)

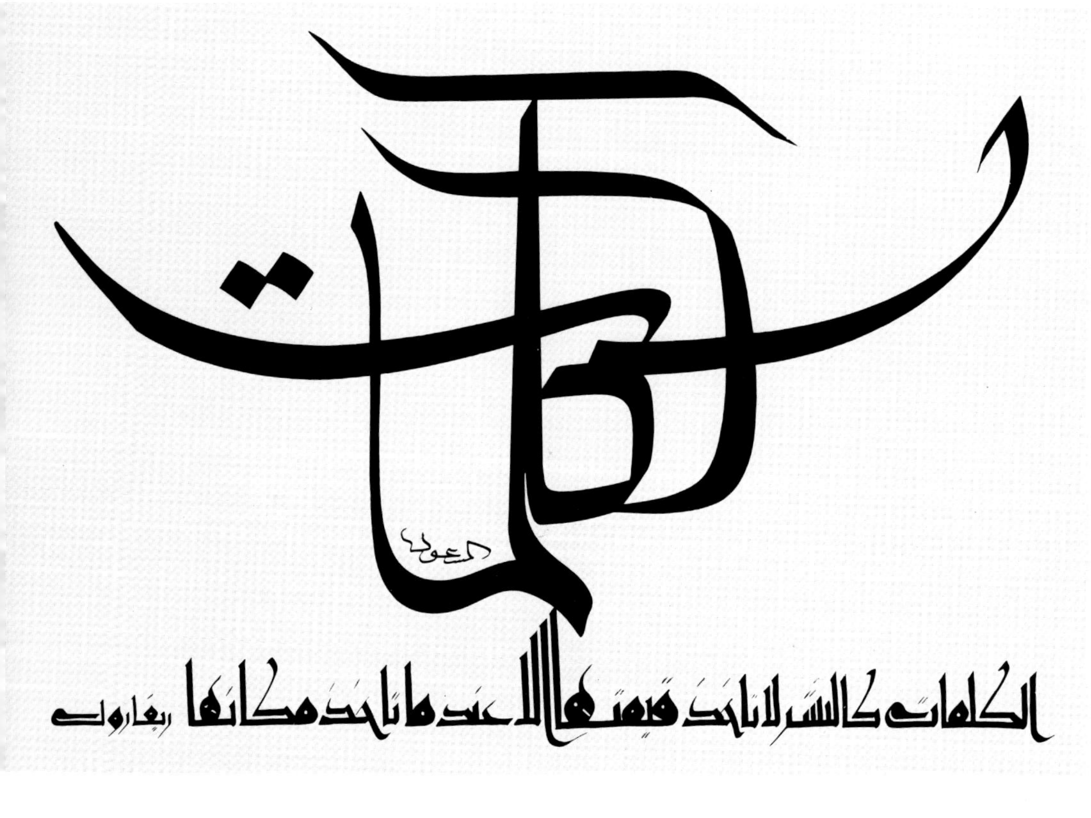

الكلمات ، كالبَشر ، لا تَأخذُ قيمَتها إلا عندمَا تأخُذُ مَكانها - ريفارول - ١٧٥٣-١٨٠١

Les mots, comme les hommes, ne valent qu'autant qu'ils sont à leur place. Rivarol (1753-1801)

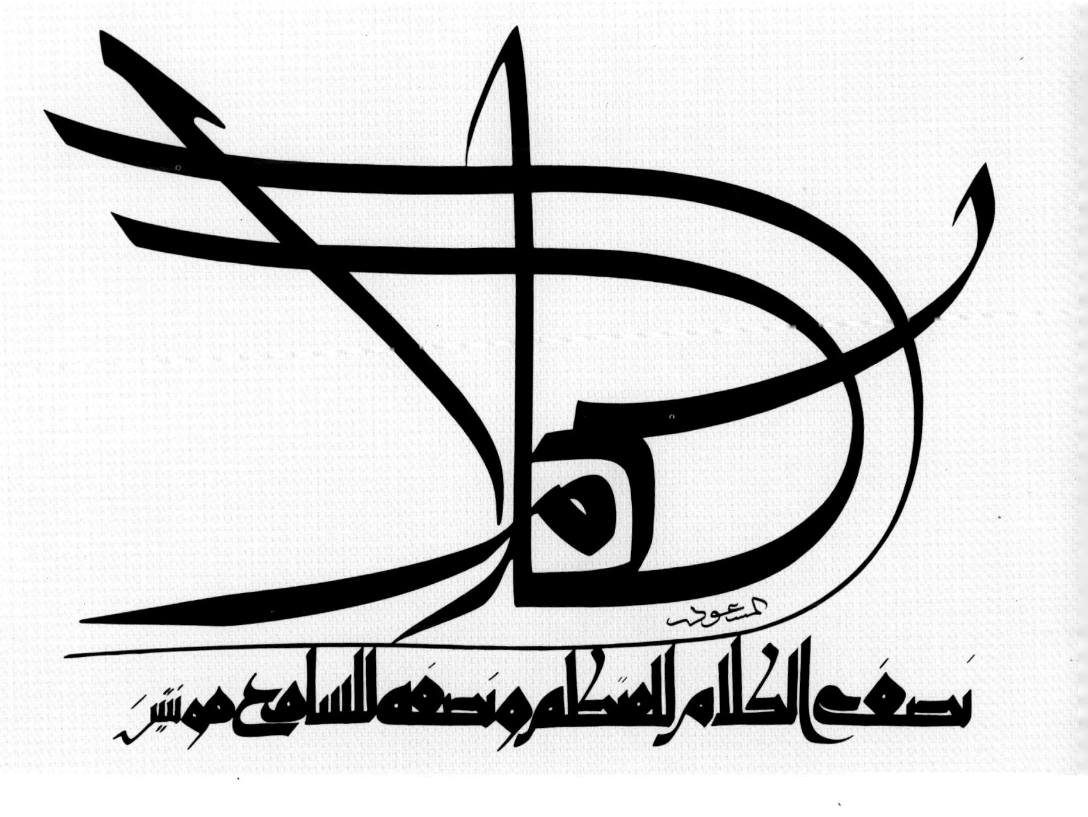

نصف الكَلام للمُتَكلم ، وَنصفهُ للسَامِع - مونتين - ١٥٣٣ - ١٥٩٢

La parole est moitié à celuy qui parle, moitié à celuy qui l'escoute. Montaigne (1533-1592)

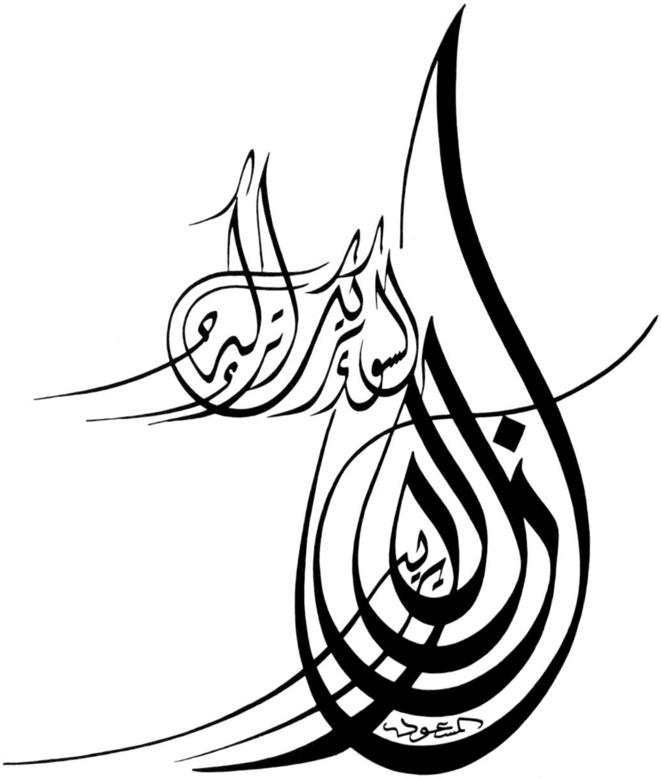

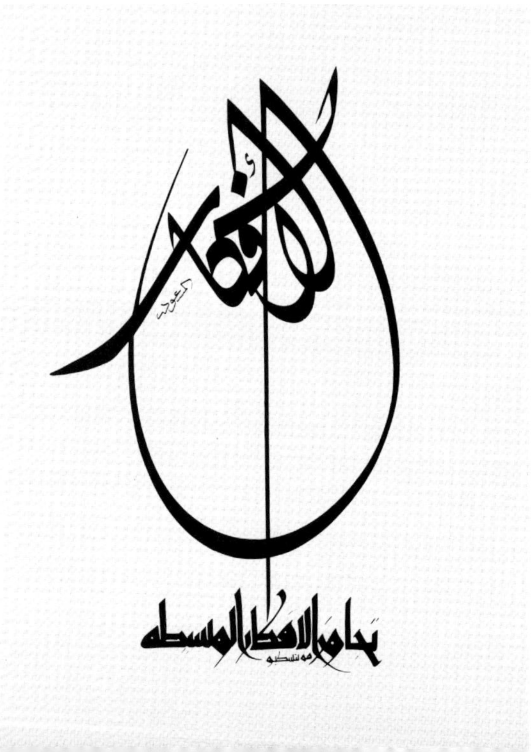

Si le mal ne veut pas te laisser, laisse-le.
Proverbe yougoslave

إن لا يريدُ السوء تركك اتركه - مثل يوغسلافي -

تجاوز الأفكار الوَسيطة - مونتسكيو - ١٦٨٩ - ١٧٥٥

Il faut sauter les idées intermédiaires.
Montesquieu (1689-1755)

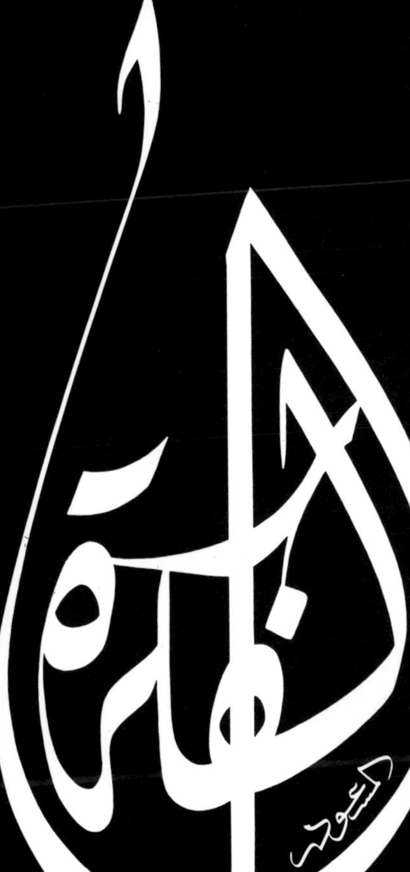

عندما تكون الفكرة بنهاية الفرشة ، لا داعي للذهاب الى نهاية الفكرة - الفنان الصيني تانج -

Quand l'idée est au bout du pinceau,
pas la peine d'aller au bout de l'idée.
Ting, peintre chinois

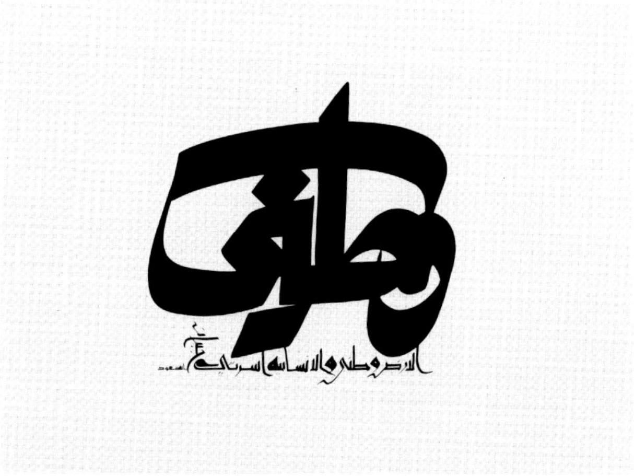

1

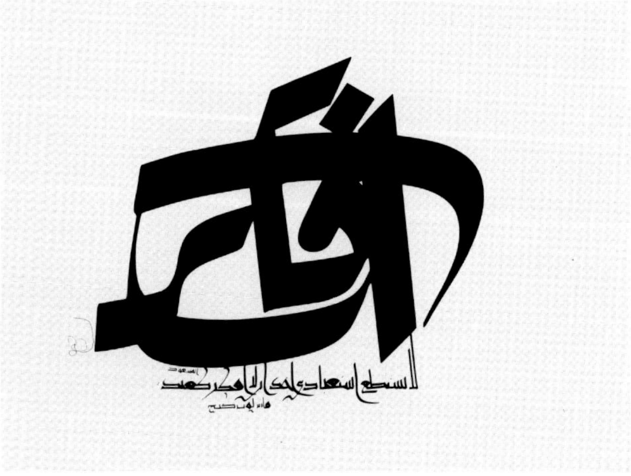

2

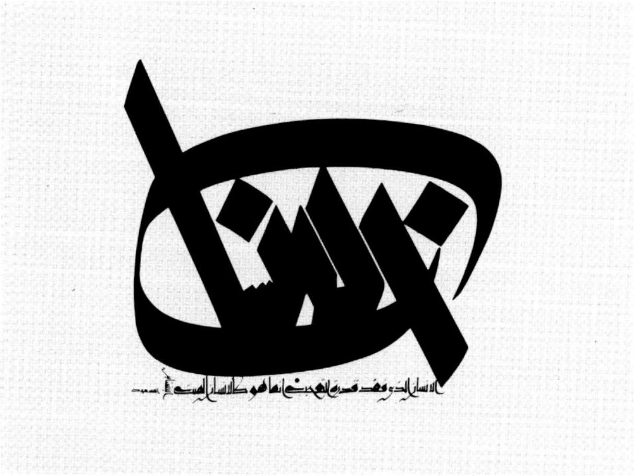

3

١- الأرض وَطني والأنسانيّة أسرتي - جبران خليل جبران - ١٨٨٣ - ١٩٣١
٢- لا يستطيع استعبادي أحدًا ، إن لا أفكر كعبد - مارتن لوثر كينغ - ١٩٢٩ - ١٩٦٨
٣- الانسان الذي فقد قدرة التعجب إنما هو كالانسان الميّت - اينشتاين - ١٨٧٩ - ١٩٥٥
٤- إعرف نفسك بنفسك - سقراط - القرن الخامس قبل الميلاد

1. La terre est ma patrie et l'humanité ma famille. Gibran Khalil Gibran (1883-1931)
2. Personne ne peut faire de moi un esclave si je ne pense pas en esclave. Martin Luther King (1929-1968)
3. L'homme qui a perdu la faculté de s'émerveiller est comme un homme mort. Einstein (1879-1955)
4. Connais-toi toi-même. Socrate (ve s. av. J.-C.)

4

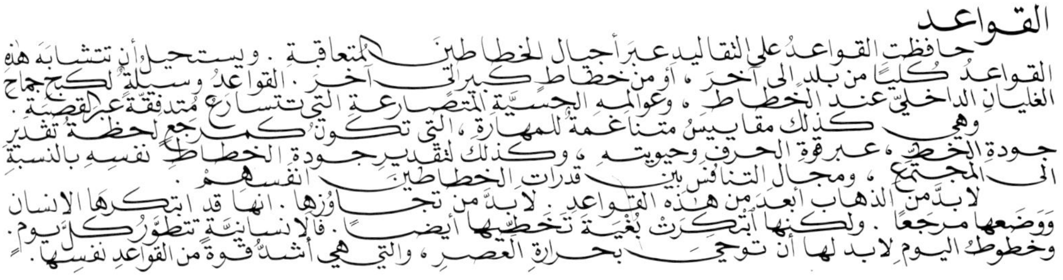

AU-DELA DES RÈGLES

Les codes sont les gardiens de la tradition, le lien entre les différentes générations de calligraphes. Bien sûr, ils peuvent varier d'un pays à l'autre ou d'un maître à l'autre.

Les codes servent à contrôler le bouillonnement intérieur du calligraphe et le flux débordant de ses sentiments. Ils suscitent des débats passionnés entre calligraphes. Leur système de mesures fournit une référence idéale au jugement. Mais il faut dépasser les règles établies : pour atteindre son art, le calligraphe doit les transgresser après les avoir suivies. Car d'une composition calligraphique doit se dégager quelque chose d'indéfinissable, d'impalpable, de puissant, hors de toute norme.

إعرف نفسك بنفسك - سقراط -

Connais-toi toi-même. Socrate (ve s. av. J.-C.)

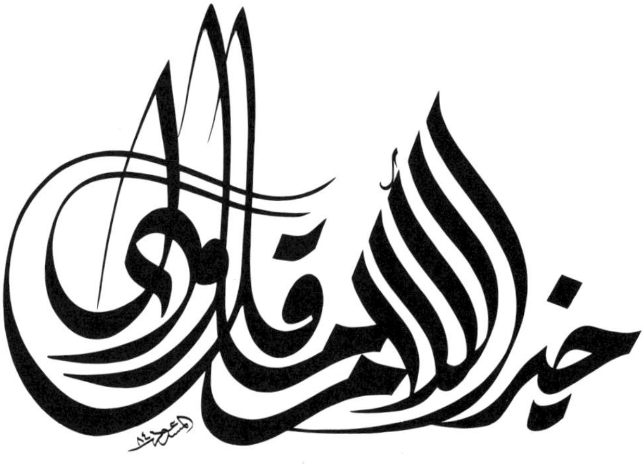

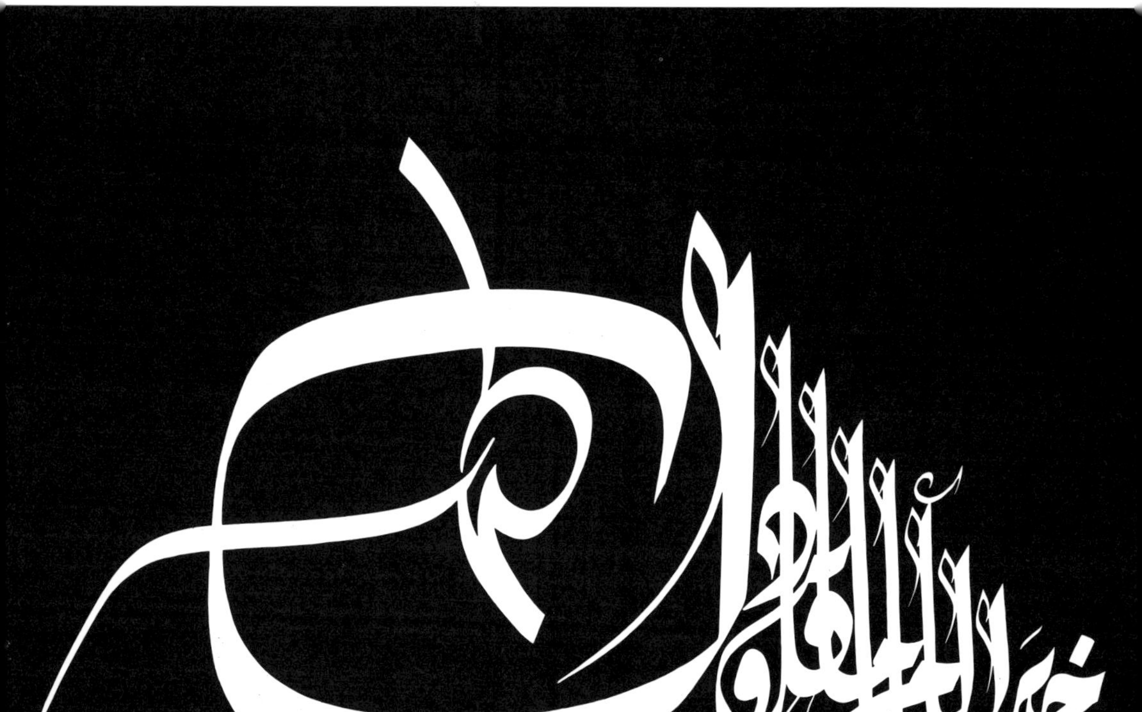

3 calligraphies : Parlons peu mais parlons bien.

ثلاث خطوط : خير الكلام ما قلَّ ودلَّ

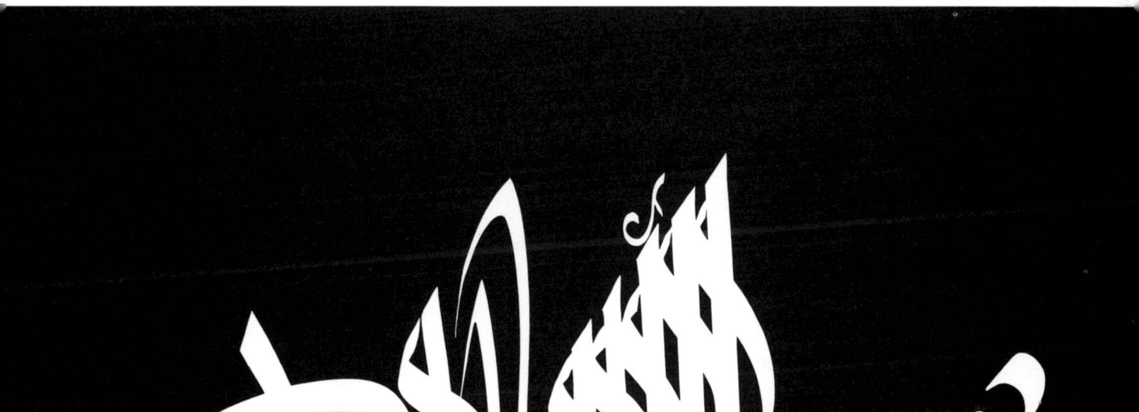

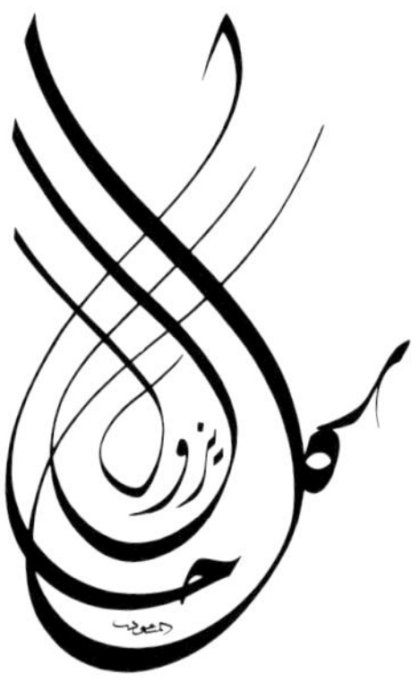

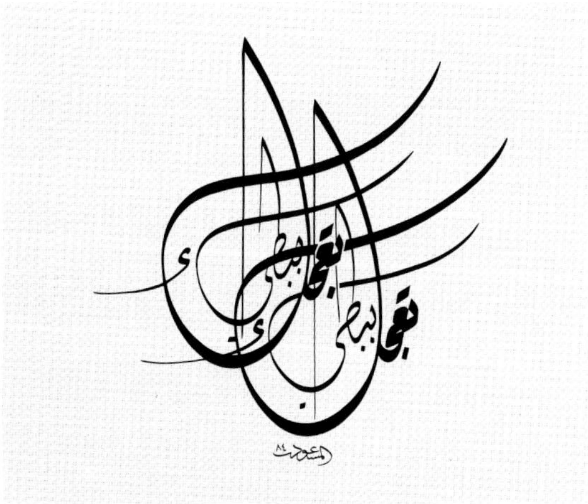

كلُّ حالٍ يزول

Tout passe.

تَعَجَّل ببطء

Hâte-toi lentement.

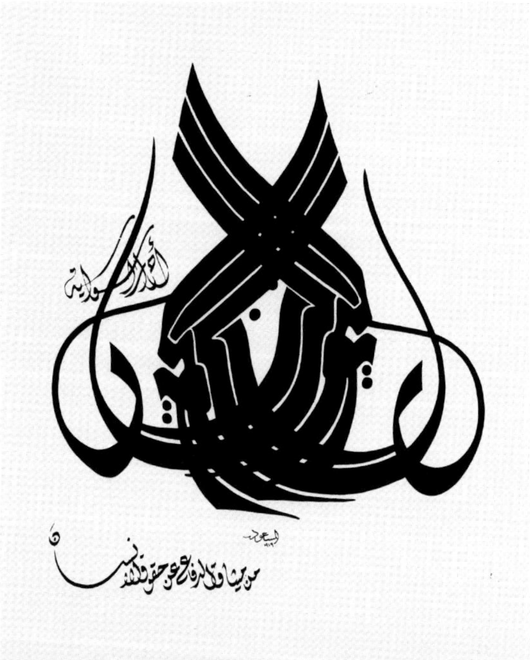

يولد الناس أحرارًا سواسية في الحقوق
المادة الأولى لميثاق الدفاع عن حقوق الإنسان

Les hommes naissent et demeurent libres et égaux en droits.
Déclaration des droits de l'homme et du citoyen (1789)

التنغيم

الهبوط والصعود والانحناءات الثابتة في بعض الحروف، تكون بتكرارها العناصر الأساسية لولادة التنغيم في الخط، وكذلك الحركات والزخارف الصغيرة التي تحوط الحروف لغرض جمالي بحت. التنغيم ناجم أيضاً عن الفراغ المتروك بين الحروف نفسها، كالصمت الزمني مابين الأصوات الموسيقية.

هنالك أصول للقياسات النسبية بين ارتفاع الكلمات وعرضها وكذلك السطور والتشكيلة. ويستفيد الخطاط من تنوعها لتنغيم السطح الذي يريد شغله بالخط. ويستعمل أحياناً للعبارات، إن تعددت أساليب مختلفة ضمن الصفحة نفسها.

بغية انجاز تشكيلة منغمة، يحطم الخطاط الكلمات في النص المراد. يأخذ بعض الحروف التي تتشابه كما لو كانت وحيدة، ويقربها أو يبعدها، حسب رغبته، لعمل التشكيلة وحسب قيمتها الجمالية. فتكرار حروف الألف واللام يعطي تناغماً صاعداً، متجاوراً أو متعانقاً بينما يتكرر تحدب بطون بعض الحروف المدورة تكراراً إيقاعياً ليساهم في ربط الحروف الصغيرة المتناثرة. وبعد ان يرى الخطاط انه توصل الى الشكل الهارموني المنسق، يأتي بالحروف والكلمات المتبقية ليدمجها داخل التشكيلة. وهذا النوع من التشكيلات يكون دائماً عسير القراءة. على إن بعض الكلمات المتبقية قد يستعصي إدخاله بسهولة في الهيكل العام الذي توصل اليه الخطاط. فيحاول جاهداً للبحث عن امكانية وضعه في المجالات التي تخيلها. وتمضي أحياناً أيام عديدة قبل ان يجد الحل المناسب.

RYTHME

La descente, la montée et la courbure accentuées de certaines lettres sont les éléments rythmiques de la calligraphie. Il en est ainsi de la vocalisation et des petits motifs qui entourent la lettre en l'ornant. Le rythme est également marqué par l'espace laissé entre les lettres.

Il existe des canons pour les proportions entre la hauteur et la largeur des mots, des lignes ou des compositions ; le calligraphe joue sur leurs différences pour rythmer la surface occupée. D'autres utilisent des styles multiples dans une même composition. Parfois, pour rythmer sa calligraphie, le calligraphe démantèle les mots et prend certaines lettres considérées pour elles-mêmes et non plus comme composantes d'un mot. Ces lettres sont réparties dans l'espace de la feuille, en fonction de leur forme et de l'esthétique recherchée. Ce n'est qu'après qu'il reconstruit les mots en s'obligeant à respecter l'emplacement choisi pour ces lettres, comme nécessaire au bon équilibre et à l'harmonie de la composition. Ce genre de composition donne toute liberté au calligraphe, mais devient souvent illisible. Parfois certains mots sont rebelles à tout agencement, et le calligraphe fait un jeu de recherche en déplaçant la lettre ou le mot indocile afin d'arriver à le placer à l'endroit idéal.

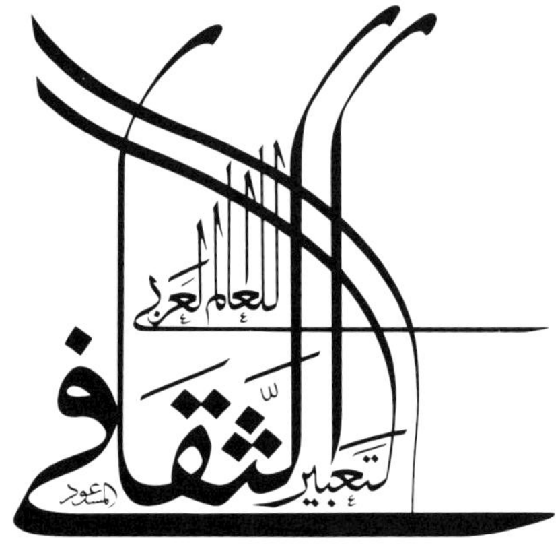

Affiche, MJC Les Marquisats, Annecy, 1985.

مُلصق عن الثقافة العربيّة
دار الشباب - مدينة آنسي - فرنسا

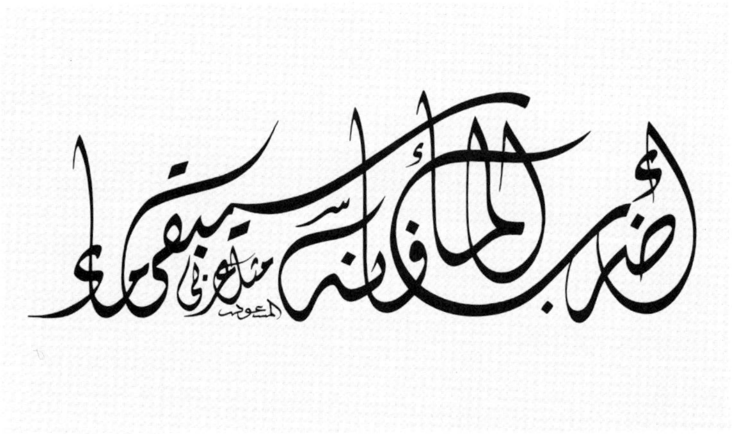

اضرب الماء، فانه سيبقى ماء

Frappe l'eau,
elle restera de l'eau.
Proverbe arabe

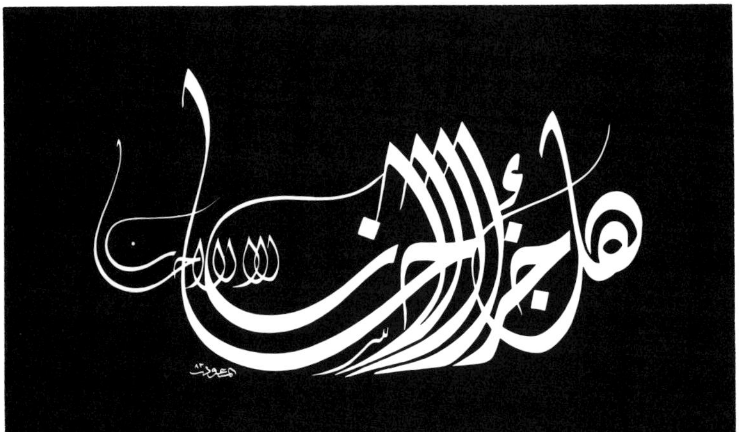

هل جزاء الاحسان الا الاحسان ؟

La récompense
de la bonté, n'est-elle
pas la bonté ?

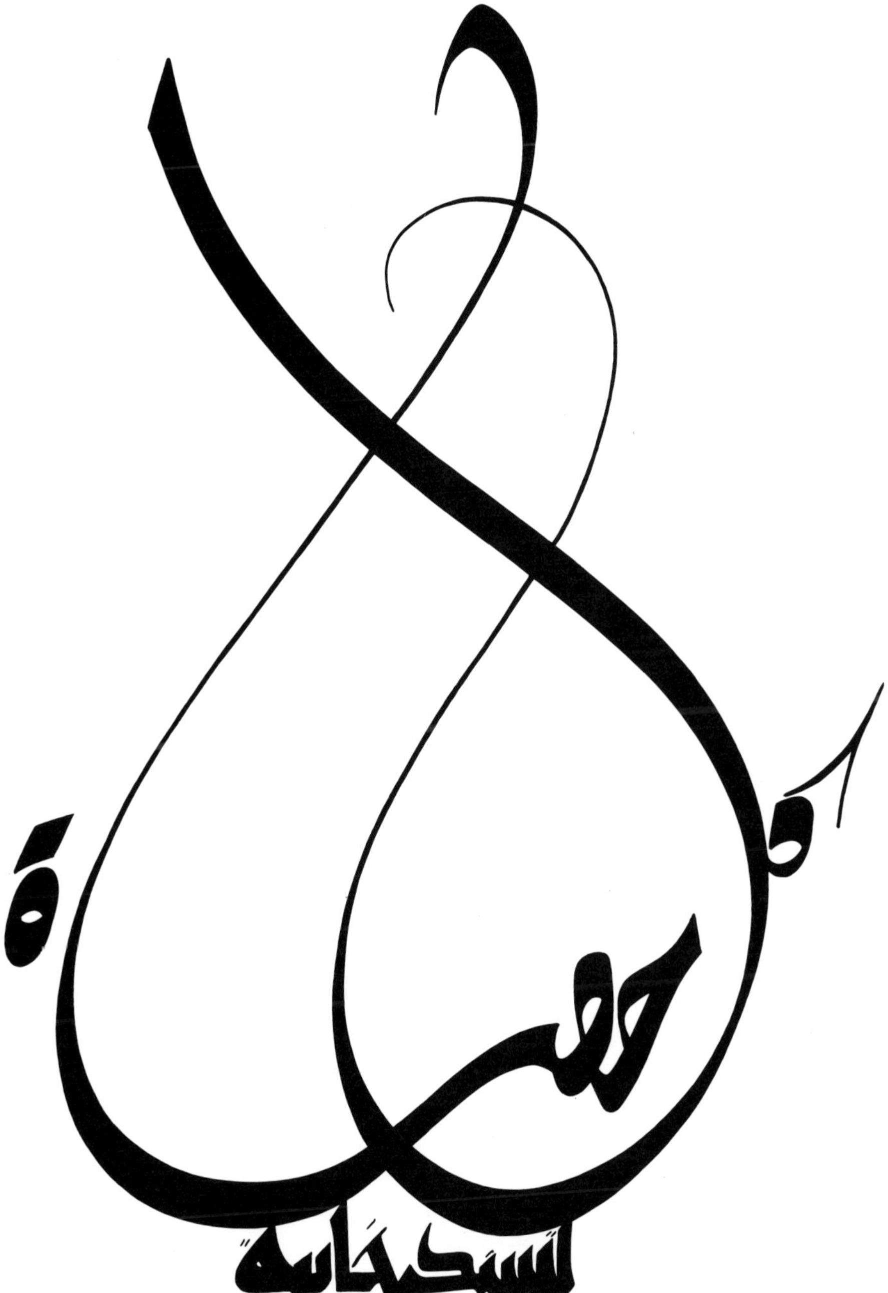

كلُ حَصَاة تسندُ خَابيَة - مثل عربي -

Chaque caillou peut soutenir une jarre. Proverbe arabe

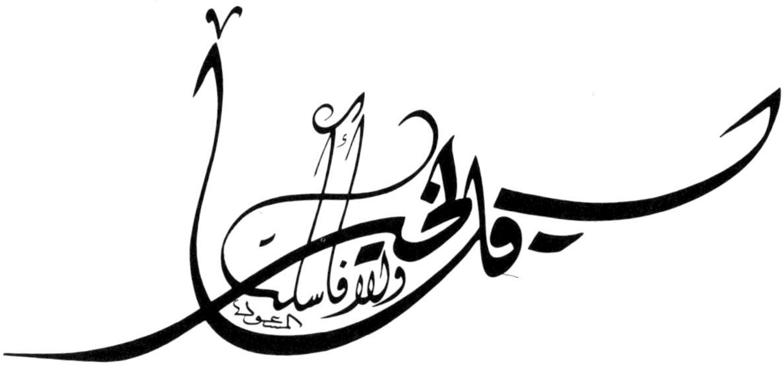

قل الخير وإلا فاسكت

Si ce que tu as à dire n'est pas plus beau que le silence, alors tais-toi. Proverbe arabe

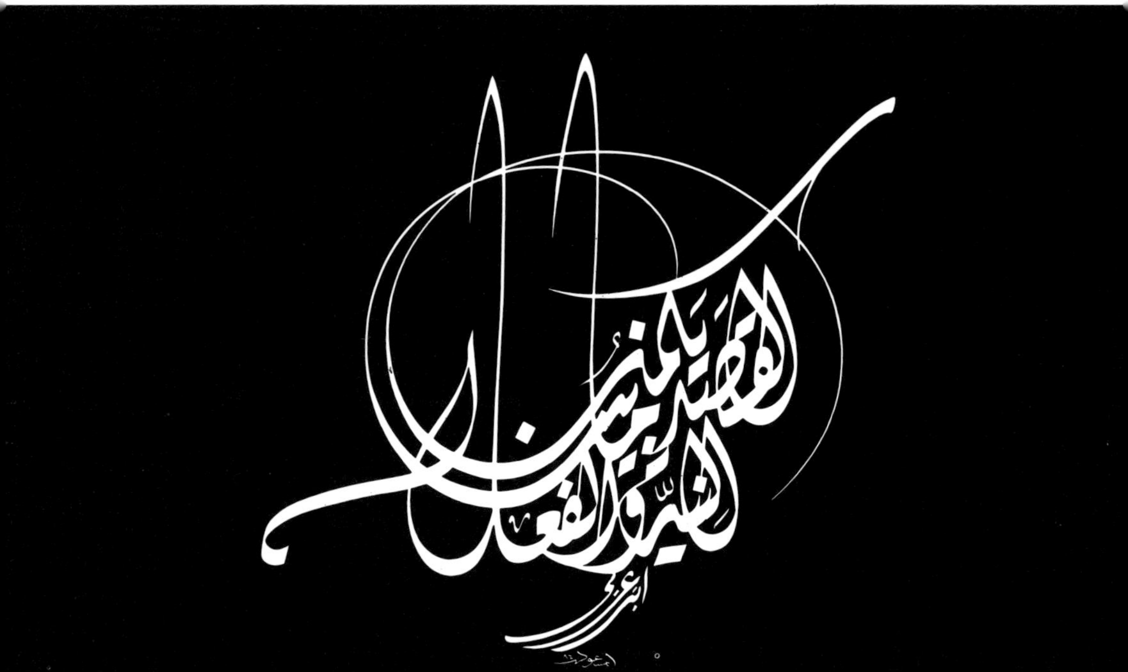

القَصد يَكمنُ مَابينَ النـيّة وَالفعـل - ابن عربي - القرن الثالث عشر

Le but se cache entre l'intention et l'acte. Ibn Arabi (XIIIe s.)

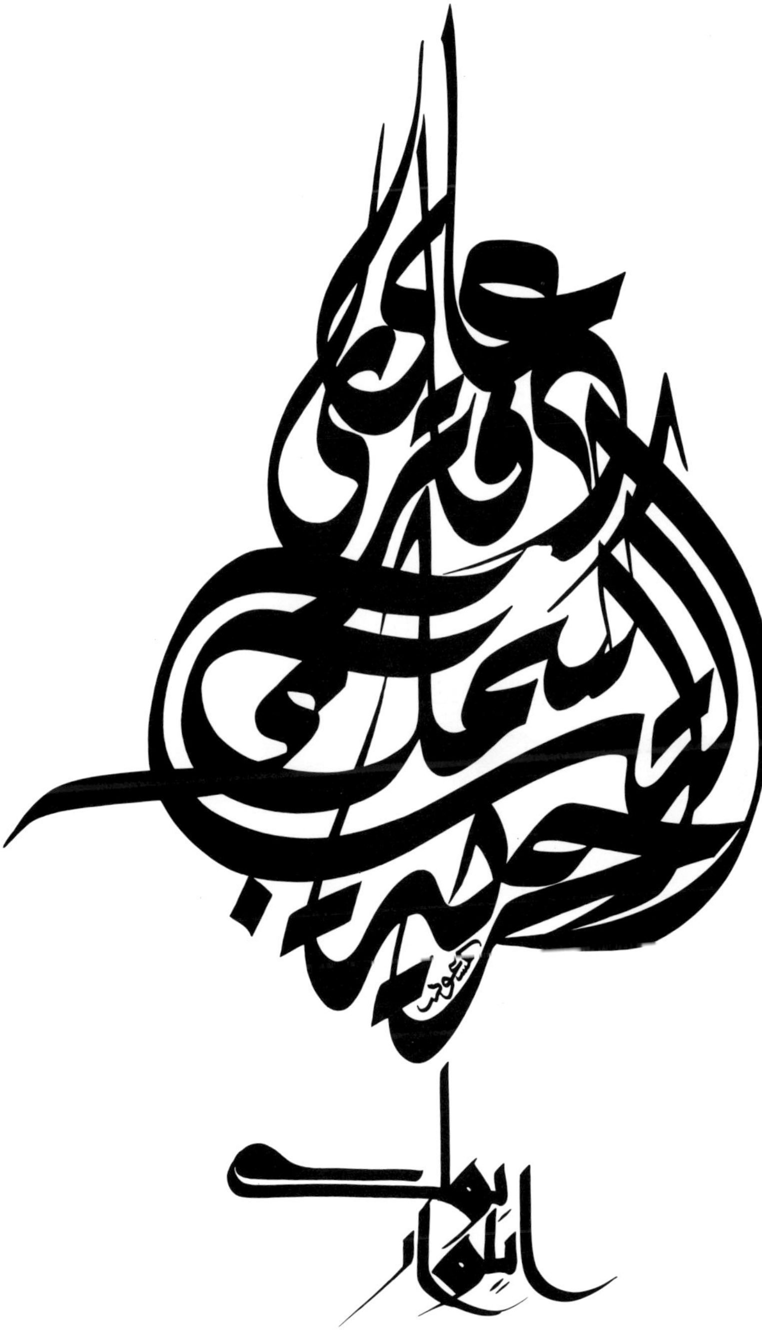

على دفاتري أكتبُ إسـمَكِ حُـرِيّة - ايلوار - ١٨٩٥ - ١٩٥٢

Sur mes cahiers d'écolier
J'écris ton nom, liberté.
Paul Éluard (1895-1952)

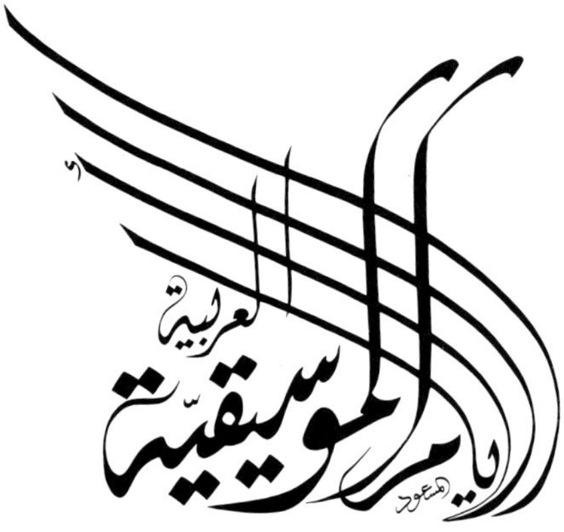

Sigle des « Journées de musique arabe », Théâtre des Amandiers, Nanterre (1984)

شعار - الأيام الموسيقية العربية -
مسرح الأماندية - نانتير -

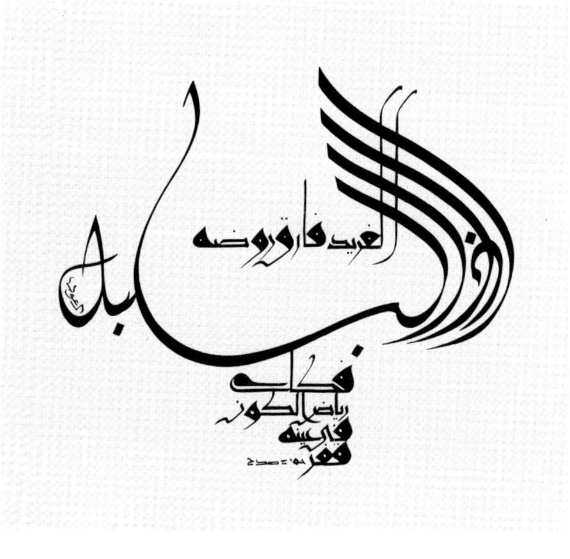

إذا البلبل الغريد فارق روضه
فكل رياض الكون في عينه قفر
جورج صيدح

Si le rossignol quittait son jardin
Tous les jardins du monde
Seraient à ses yeux, déserts.
Georges Saideh

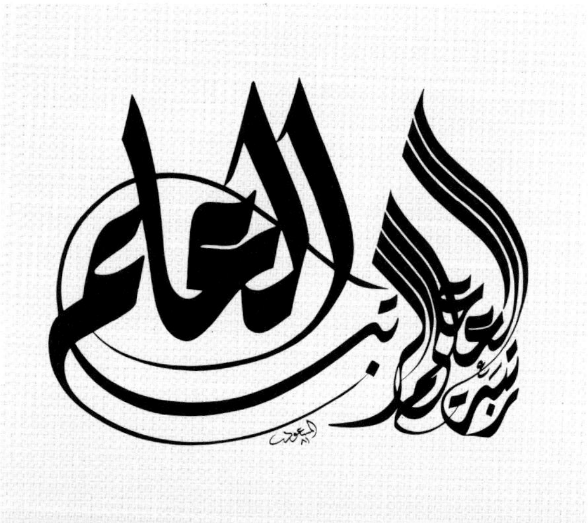

رتبة العلم اعلى الرتب

Le savoir se situe au plus élevé des rangs.
Dicton arabe

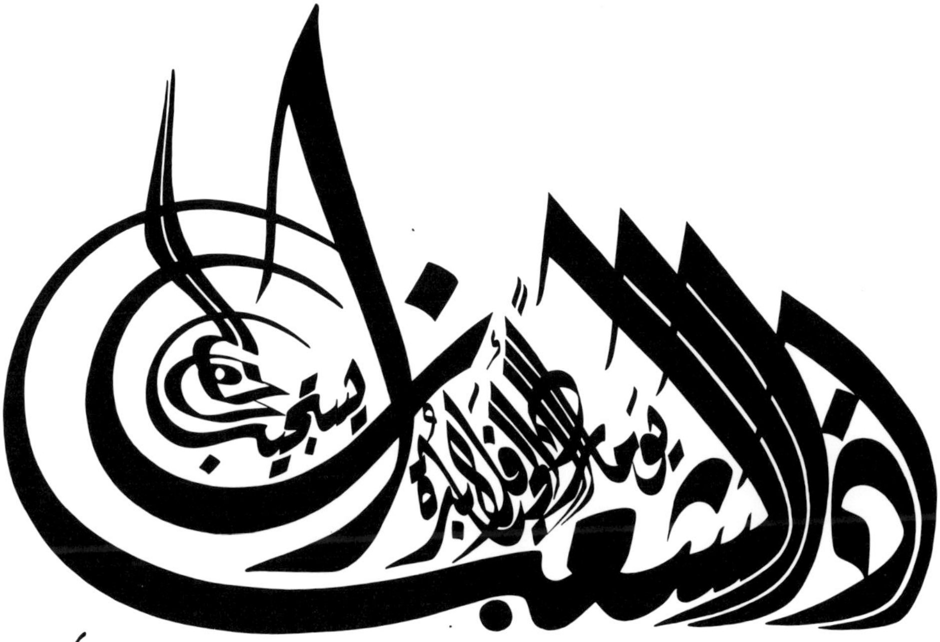

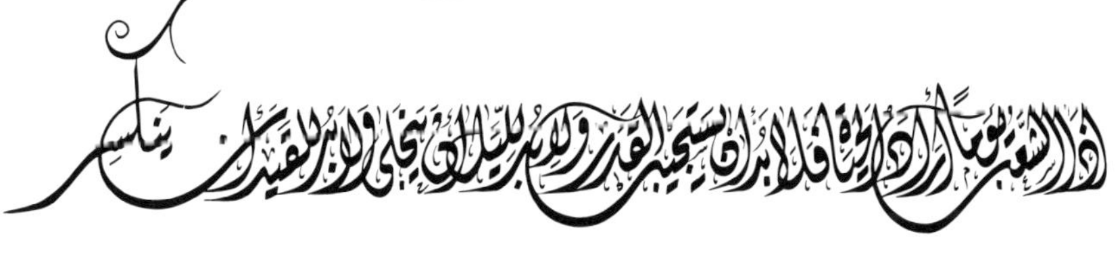

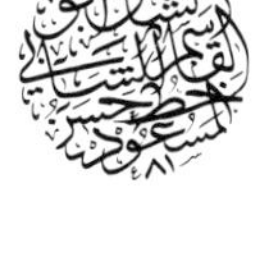

إذا الشعب يومًا أراد الحياة فلا بد أن يستجيب القدر
ولا بد لليل أن ينجلي ولا بد للقيد أن ينكسر
أبو القاسم الشابي ١٩٠٩ - ١٩٣٤

Si le peuple, un jour, veut la vie, il faudra que le destin s'incline
La nuit devra disparaître, et le joug sera brisé.
Abou Al Kassim Al Chabbi (1909-1934)

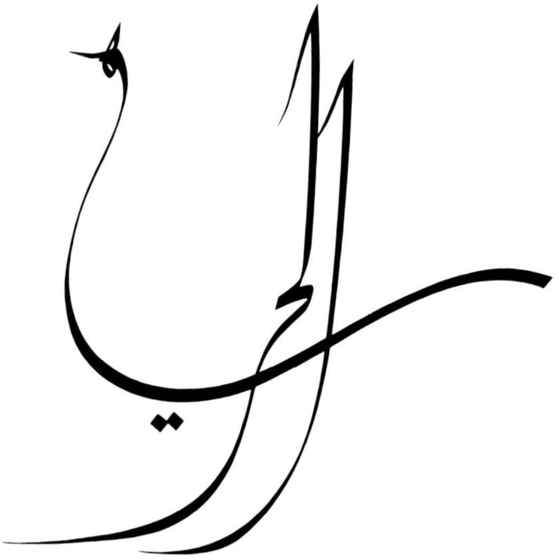

الحريّة

Liberté.

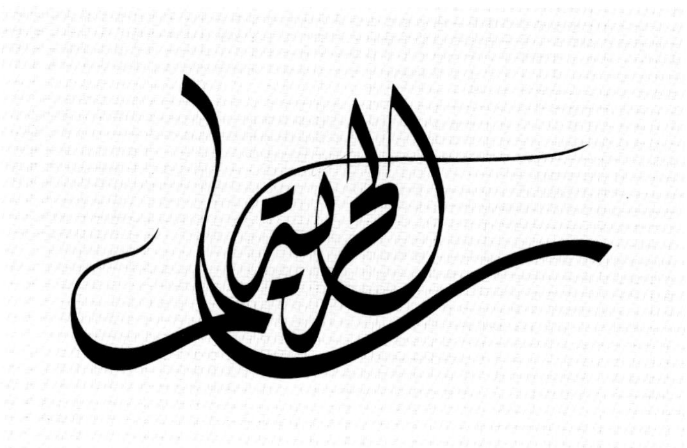

السلم والحريّة

Paix et liberté.

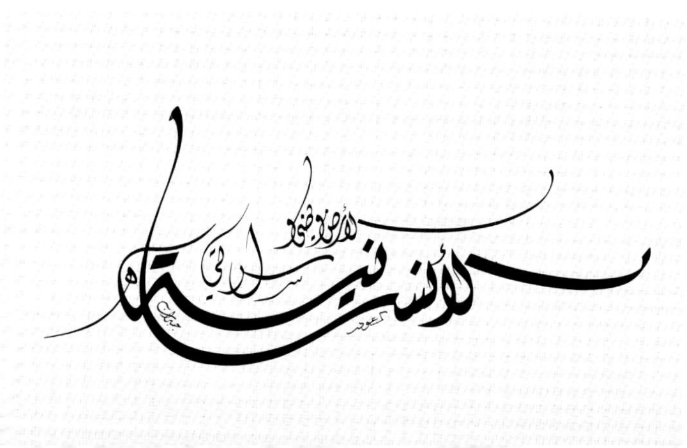

الأرض وطني والأنسانيّة اسرتي - جبران

La terre est ma patrie
et l'humanité ma famille.
Gibran Khalil Gibran

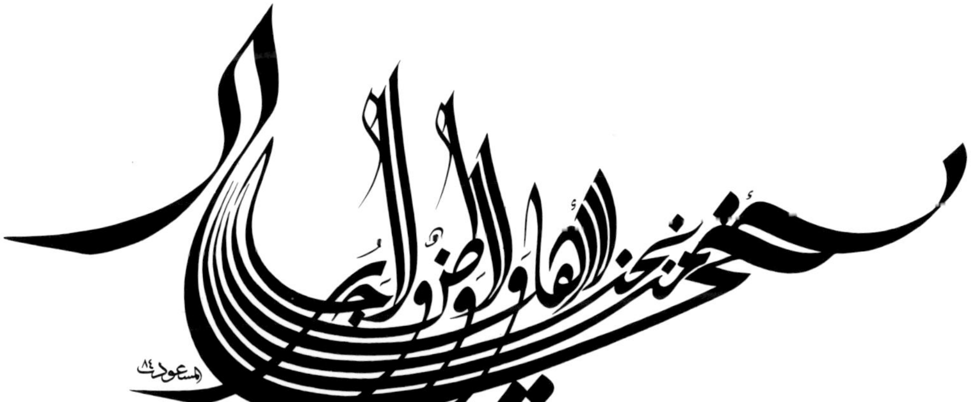

أخي

ميخائيل نعيمه

أخي، إنْ ضجّ بعد الحرب غربيٌّ بأعماله   وقدّس ذكر من ماتوا وعظّم بطش أبطاله   فلا تهزج لمن سادوا، ولا تشمت بمن دانا   بل اركع صامتاً مثلي بقلبٍ خاشعٍ دامٍ   لنبكي حظّ موتانا
أخي، إن عاد بعد الحرب جنديٌّ لأوطانه   وألقى جسمه المنهوك في أحضان خلّانه   فلا تطلب إذا ما عدت للأوطان خلّانا   لأن الجوع لم يترك لنا صحباً نناجيهم   سوى أشباح موتانا
أخي، إن عاد يحرث أرضه الفلاح أو يزرع   ويبني بعد طول الهجر كوخاً هدّه المدفع   فقد جفّت سواقينا، وهدّ الذلّ مأوانا   ولم يترك لنا الأعداء غرساً في أراضينا   سوى أجياف موتانا
أخي، قد تمّ ما لو لم نشأه نحن ما تمّا   وقد عمّ البلاء، ولو أردنا نحن ما عمّا   فلا تندب، فأذن الغير لا تصغي لشكوانا   بل اتبعني لنحفر خندقاً بالرفش والمعول   نواري فيه موتانا
أخي، من نحن؟ لا وطنٌ ولا أهلٌ ولا جارُ   إذا نمنا، إذا قمنا، ردانا الخزي والعارُ   لقد خمّت بنا الدنيا كما خمّت بموتانا   فهات الرفش واتبعني لنحفر خندقاً آخر   نواري فيه أحيانا

« أخي » قصيدة الشاعر ميخائيل نعيمة كتبها عام ١٩١٧ كصرخة ضد الحرب ومآسيها

Poème de Mikhaël Naïma écrit en 1917 contre la guerre et ses désastres.

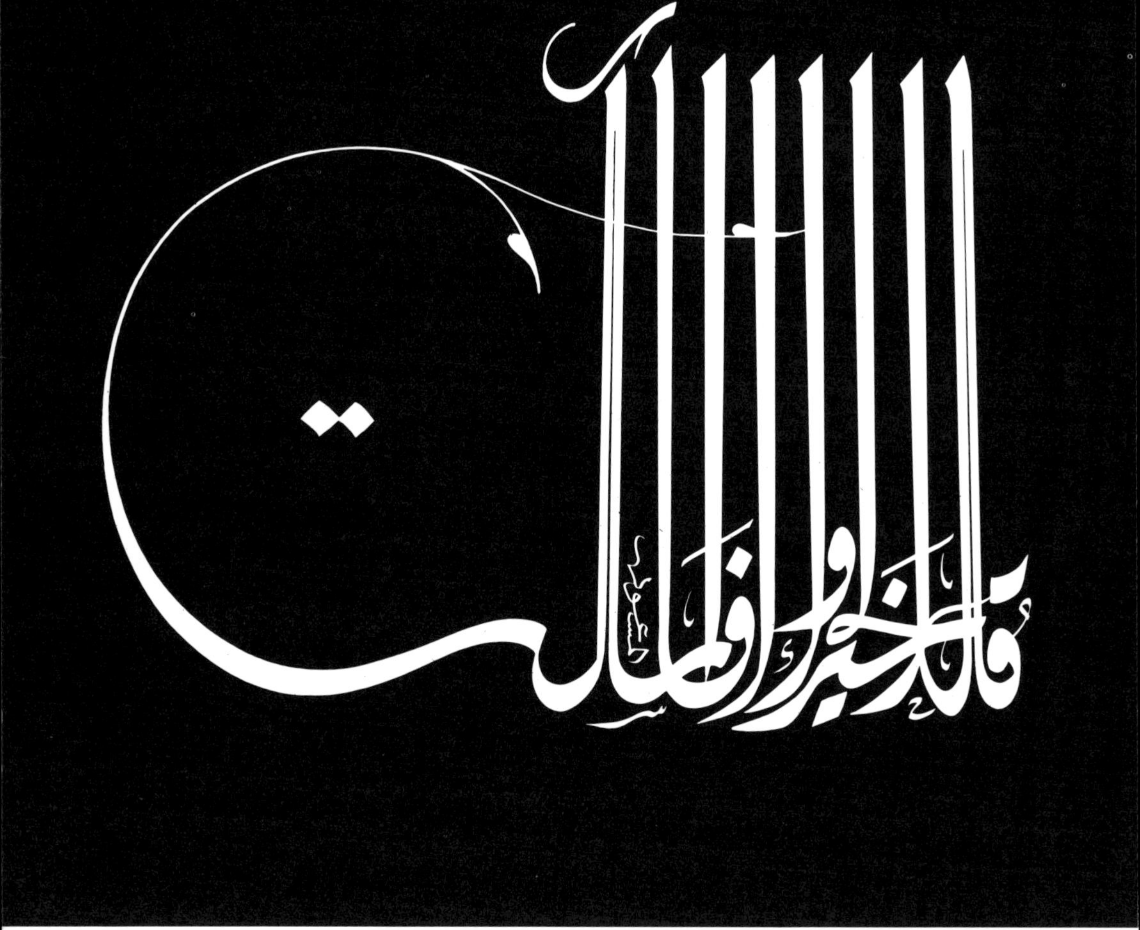

Si ce que tu as à dire n'est pas plus beau que le silence, alors tais-toi. Proverbe arabe.

قل الخير وإلا فاسكت

الصفحة المقابلة : هل جزاء الأحسان إلا الأحسان ؟

A droite, 2 calligraphies :
La récompense de la bonté n'est-elle pas la bonté ?

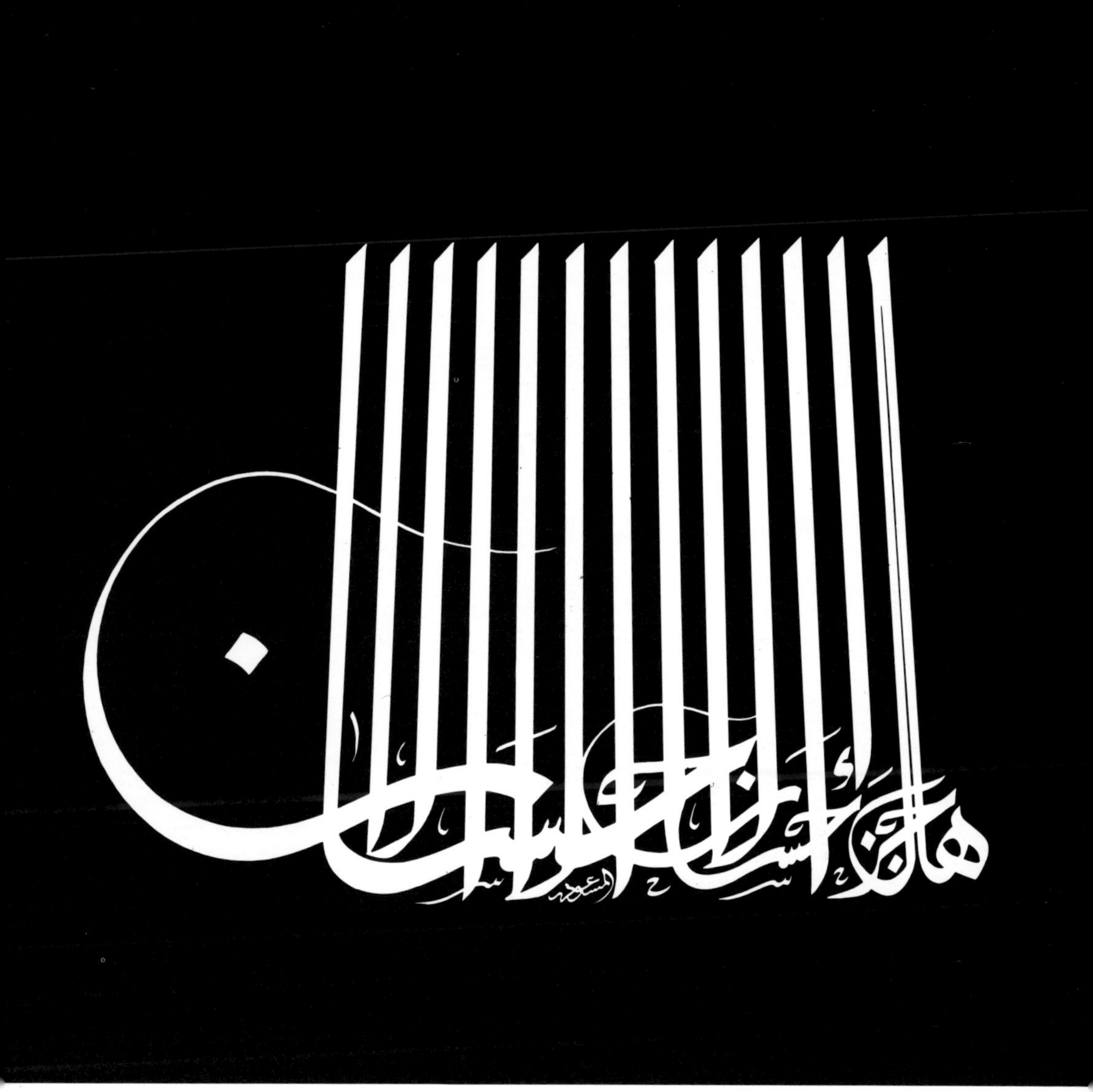

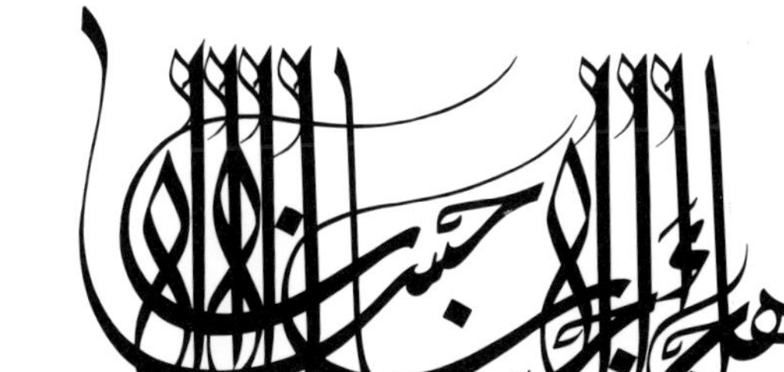

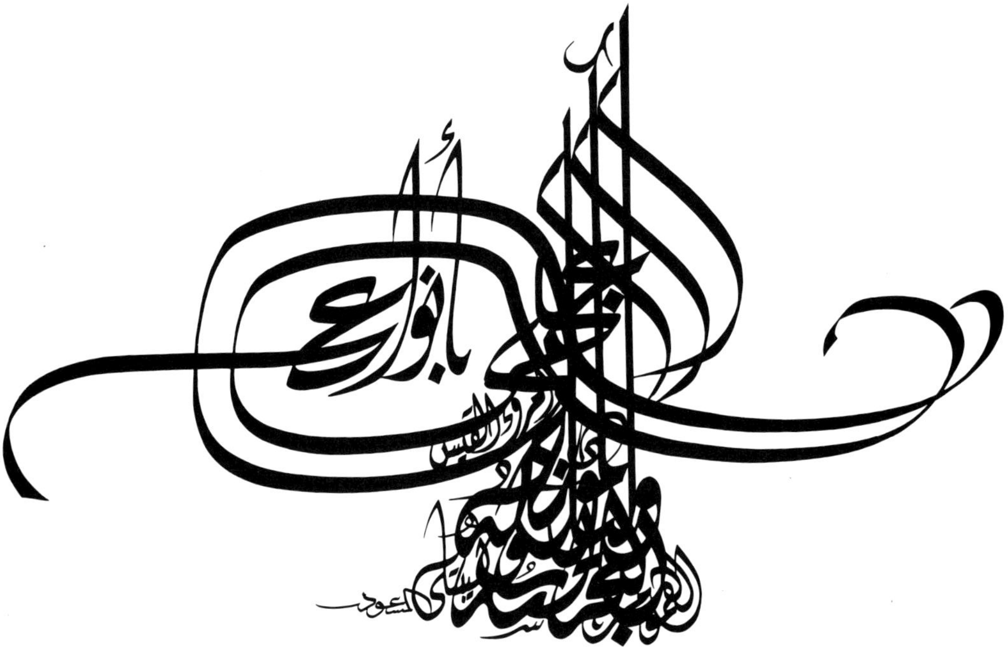

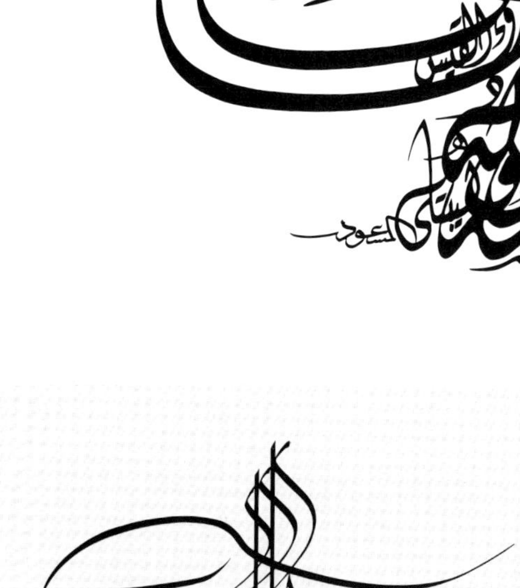

Une nuit semblable aux vagues de la mer m'enveloppe de ses voiles de soucis et me cherche bataille. Omru Al Qays (IVe s.)

وليل كموج البحر أرخى سدوله عليّ بأنواع الهموم ليبتلي
- امرؤ القيس -

Chaque cheveu fait son ombre sur terre. Proverbe espagnol

لكل شعرة على الأرض ظل - مثل اسباني -

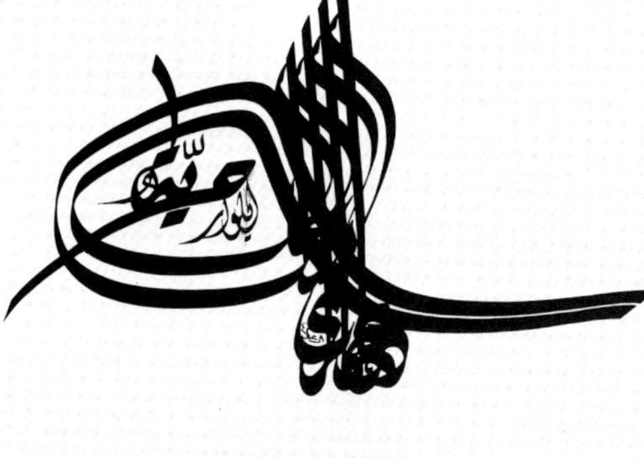

على دفاتري أكتب اسمك حرية - ايلوار -

Sur mes cahiers d'écolier
J'écris ton nom, liberté.
Paul Éluard (1895-1952)

التركيز

لحظة التركيز ضرورة للخطاط، كبداية توثّب وتحرّر من صعوبة التعبير. فتدفعه إلى البحث في أعماقه الغامضة المظلمة عن نوره الشخصيّ، عن ذكاء داخليّ أشدّ عمقاً وأكثر حقيقة. فيُسهم كلّ جسده في عملية الخط، ويتمّ التوافق بين الاحاسيس والفكر والجسم.

يتطلب التركيز انعزالاً عن كل ما يسترعي السمع والبصر، يتيح للخطاط أن يتوجّه الى داخله بكل ما يملك من فكر وأحاسيس. فالعقل مثلاً لا يمكنه ان يوجّه اهتمامه الى عدة امور في آنٍ واحد، لذلك لابدّ ان يهيّئ الخطاط جوّاً هادئاً كما لو أنّ كلّ الاشياء التي تحوطه تختفي موقتاً للوصول الى لحظة الفراغ، فراغ كرويّ يكون هو مركزه. وهو كلّما اقترب من المركز ازداد تركيزاً على نفسه، يغوص في اعماقه وينصهر بعالم الخط، فيكتشف عالماً ثرياً من الاحاسيس يقودها هو بنفسه. وهكذا يفقد ثقله. يعوم كراقص في الفضاء وتتجنّح يده، ويغترف الابداع والتعبير من اعماقه. آنذاك يكتشف اصالته، ويصل الى مرحلة الطاقة العليا، فيشحن بها حروفه.

ان لحظة التركيز ما هي إلا انفتاح على عالم آخر أوفر وضوحاً وأشدّ صفاء.

CONCENTRATION

Le moment où le calligraphe se concentre est le début d'un élan qui le libérera d'une difficulté oppressante. Il cherchera, au plus profond de lui-même, sa propre voie.

Tout son corps doit participer à l'acte calligraphique et doit être en accord avec son esprit. La concentration demande un vide visuel et auditif. Le calligraphe doit se créer une ambiance sereine, son temps ne doit pas être limité par les contraintes de la vie extérieure. Il fera le vide, comme si toutes choses disparaissaient de son entourage. Un vide sphérique dont il serait le centre ; plus sa concentration augmente, plus il se rapproche de ce centre. Il découvre alors un monde riche et devient son propre maître. Il perd sa pesanteur, sa main devient ailée, et son expression plus profonde et plus authentique. Son énergie est au maximum et il en charge ses lettres.

La concentration est une ouverture vers une autre vision, plus claire et plus limpide.

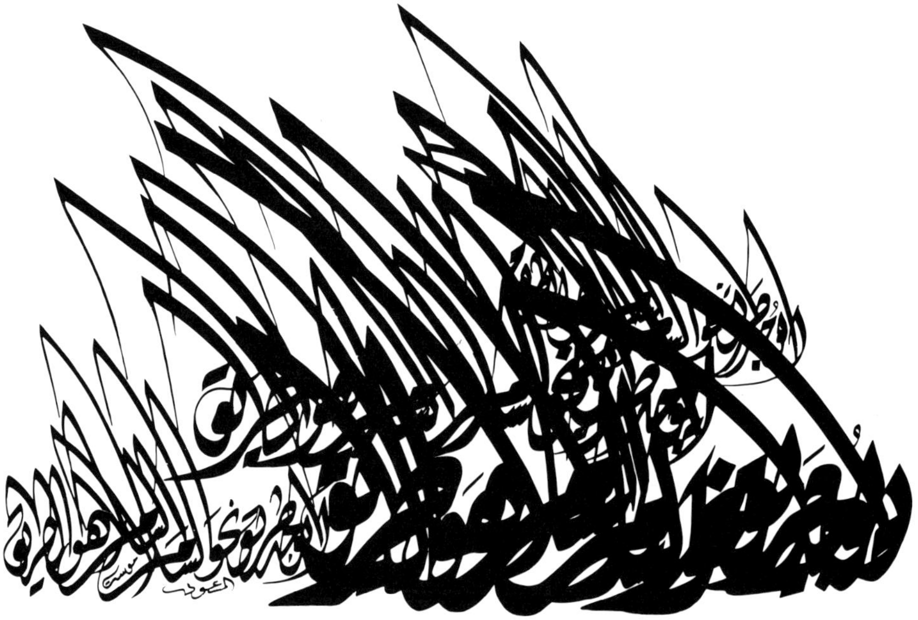

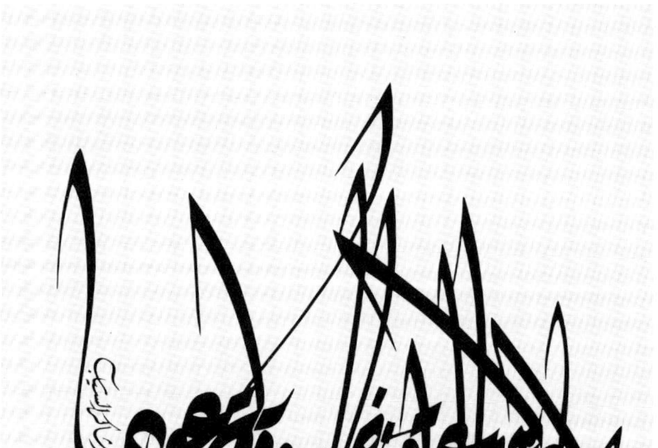

لايوجد طريق نحو السلام ، السلام هو الطريق
ـ موست ـ

Il n'y a pas de voie vers la paix,
la paix est la voie.
A. J. Muste

عبارة من شعر السيّاب المقابل

Fragment du poème
de la page de droite.

...
أكادُ أسمع العراق يذخْرُ الرعود
وَيخزن البروق في السهول والجبال ،
أكادُ أسمع النخيل يشرب المطر
وأسمع القُرى تئنّ ، والمُهاجرين
يُصارعون بالمجاذيف وبالقلوع ،
عواصف الخليج ، والرعود ، منشدين :
مطر مطر مطر ... بدر شاكر السيّاب ١٩٢٧ - ١٩٦٤

J'entends presque l'Irak
Rassembler les tonnerres,
Amasser les éclairs sur les plaines et les montagnes
J'entends presque les palmiers boire la pluie,
J'entends les villages gémir et les exilés
Combattre avec leurs rames et leurs voiles les tempêtes du Golfe
Et les tonnerres chantant : Pluie... Pluie... Pluie.
Badr Châker As Sayyab (1927-1964)

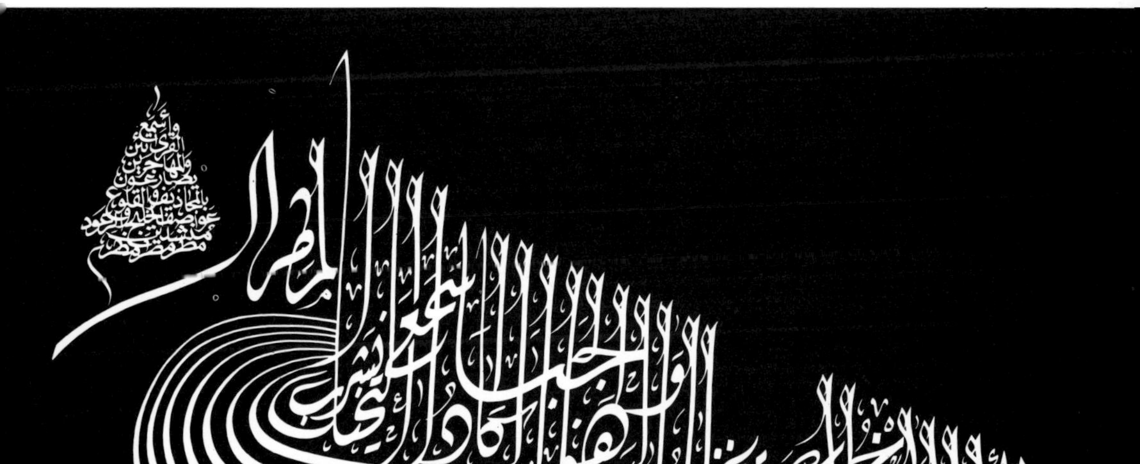

التخيلات

تطفو في بصيرة الخطاط وعوالم تفكيره رؤى الاشكال المخطوطة ، فيحاول بواسطة يده وقصبته وحبره تحرير هذه الاشكال على الورق . ولكن هذا التدوين لا يعبر احيانا عن رؤاه الحقيقية ، ولا يستطيع تحقيق هذه المرئيات الخيالية . بينما تتحقق في ظروف اخرى بسهولة غير منتظرة .

بغية انجاب هذه الرؤى ، يجب أن يعمل الخطاط في جو هادئ وألا يكون مرغما على تحديد وقته مسبقا بكل علاقة مع العالم الخارجي المحيط به .

تنشيط التخيلات يتم عبر التمعن في رؤية اعمال الخطاطين الكبار من جهة ، والتأمل في الطبيعة وهندستها وتناظرها من جهة اخرى . فان رؤية وردة أو أوراق غصن ، وتكرار هذه الاشكال المنغمة بتناسق أو غير تناسق ، أو حركتها وتماوجها توحي للخطاط باشكال تكوينات متعددة تصبح معينا لاثراء المخيلة . وكل هذا قد لا يتم بشكل آني ، ففي بعض الأحيان تتفجر هذه المشاهدات المخزونة بعد شهور أو سنوات . ان ما يعمل على تدفق الحركات الخطية هو شيء معقد يرتبط بعالم الخطاط الداخلي الغامض ، وقد يستثار بصدمة انفعالية ، أو بدهشة أزاء الجمال ، جمال الطبيعة أو الجمال البشري ، أو جمال التعبير في فن آخر .

IMAGINATION

Dans les yeux du calligraphe, au fond de sa tête, flottent toutes sortes de signes et de formes calligraphiques. Avec sa main et son roseau encré, il essaie de livrer ses images sur le papier. Parfois cette transcription ne reflète pas son état intérieur et il n'arrive pas à concrétiser ses visions, mais d'autres fois elles se réalisent avec une aisance inattendue.

L'imagination est stimulée par l'observation des œuvres de grands maîtres, ainsi que par la méditation devant la nature, sa géometrie et sa symétrie, le dessin des fleurs ou des feuilles. La répétition de ces formes rythmées, proportionnées ou disproportionnées, leur mouvement, leurs ondulations évoquent pour le calligraphe une multitude de compositions provisoirement enfouies et silencieuses, mais prêtes à resurgir et à parler le moment venu.

Ce qui déclenche le geste calligraphique relève d'une catalyse complexe liée au monde mystérieux du calligraphe, provoquée par une émotion, par l'émerveillement devant la beauté humaine, la nature, ou toute autre expression artistique.

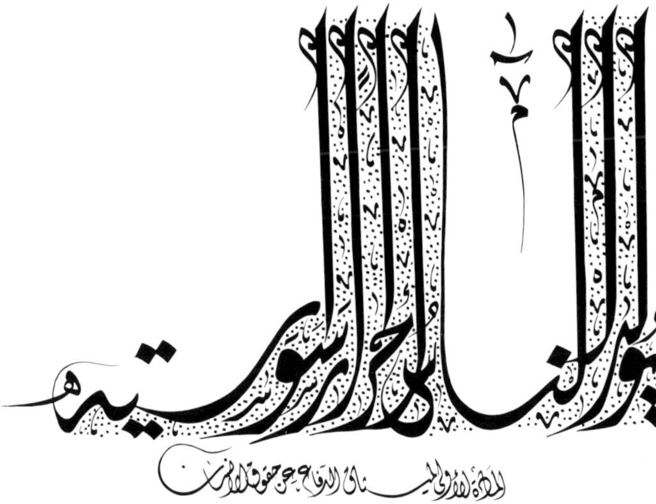

يولد الناس أحرارًا سواسية .. .-المادة الاولى لميثاق الدفاع عن حقوق الانسان -

Les hommes naissent et demeurent libres et égaux en droits.
Déclaration des droits de l'homme et du citoyen (1789)

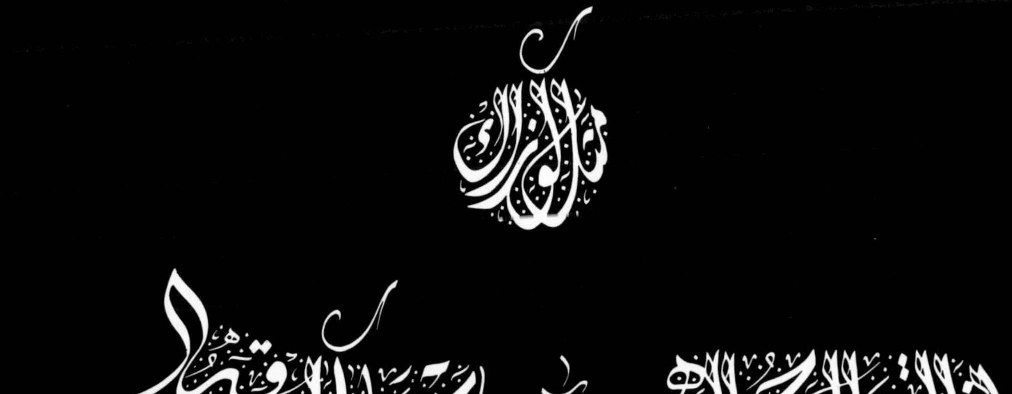

إذا أتعبَ السَرج الذهبي حِصَانك ، أحرقهُ -مثل كوزاك -

Si la selle d'or fatigue ton cheval, brûle-la. Proverbe cosaque

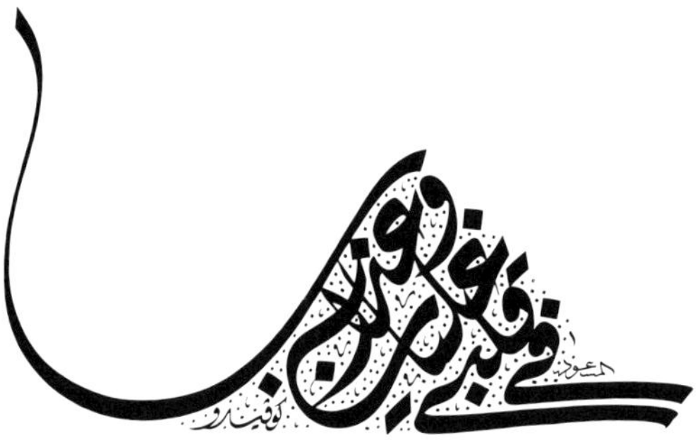

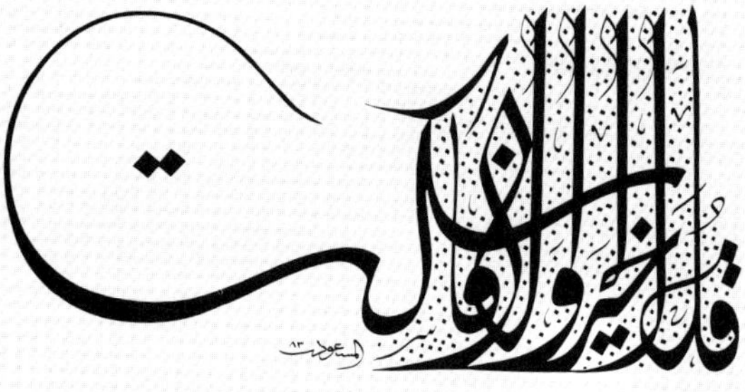

[...] Il y a dans mon cœur
fureurs et peines.
Quevedo (1580-1645)

في قلبي غَليان وعذاب -كوفيدو-

قل الخير والا فاسكت

Si ce que tu as à dire n'est pas plus beau que le silence, alors tais-toi.
Proverbe arabe

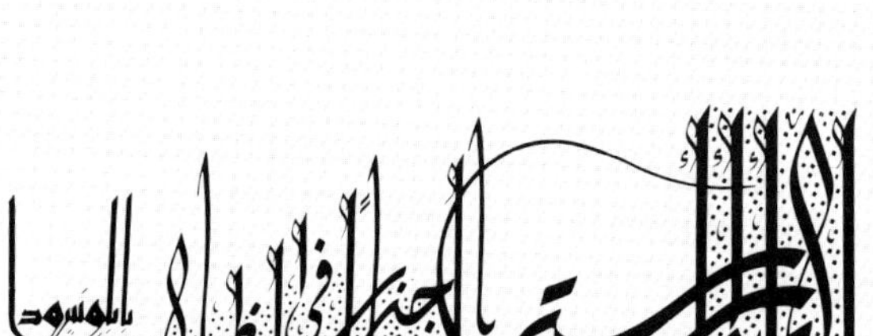

لا أريدُ أن أستمر بالبقاء جذرًا في الظلام -بابلونيرودا-

Je ne veux pas continuer à être une racine dans les ténèbres [...].
Pablo Neruda (1904-1973).
Résidence sur la terre, Gallimard

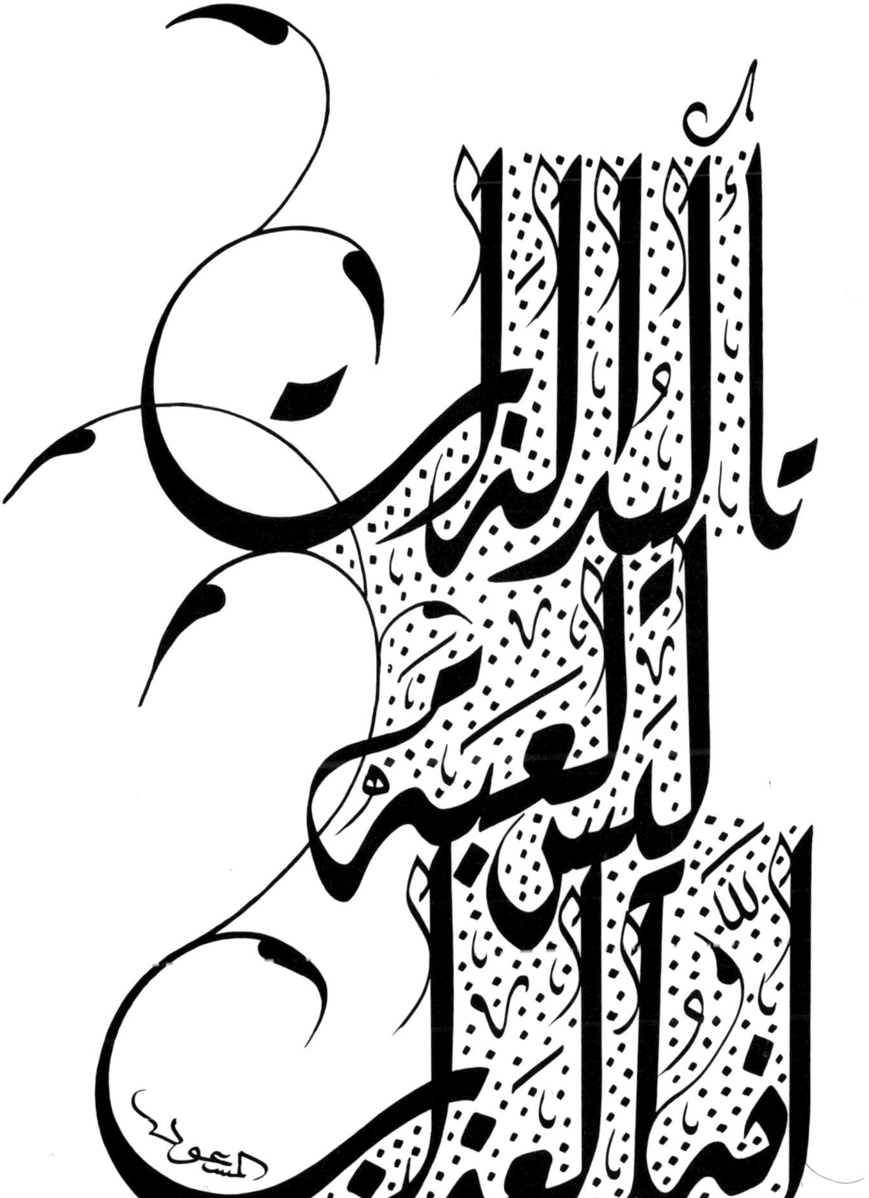

تأكيد الذات ليسَ لعبة إنهُ العَذاب - فرانز فانون -

Se chercher n'est pas un jeu c'est une souffrance.
Franz Fanon (1925-1962)

أعيدوني للصحراء
صرخ الصبّار،
لا أحبُ ان أجرح إلا الهواء الجاف.
- غيللفيك -

Ramenez-moi au désert
Crie le cactus
Je n'aime écorcher que le vent sec.
Guillevic, *Requis*, Gallimard (1983)

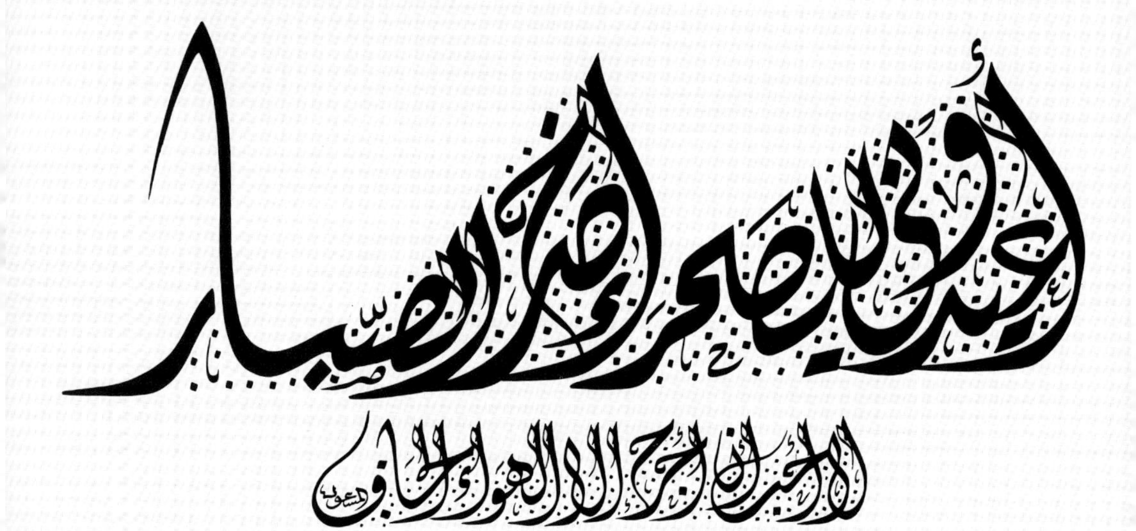

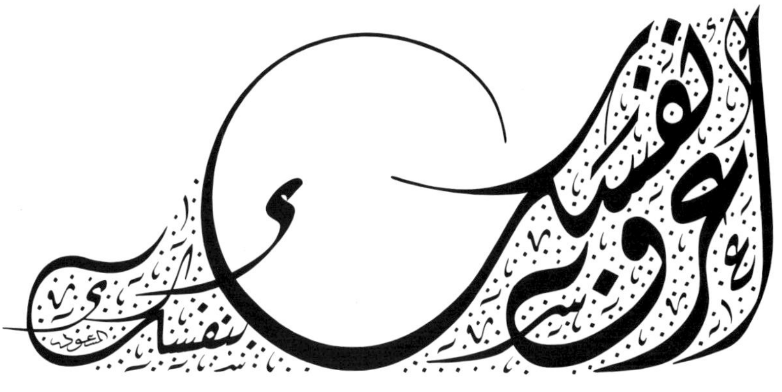

Connais-toi toi-même. Socrate
(ve s. av. J.-C.)

اعرف بنفسَك بنفسَك - سقراط -

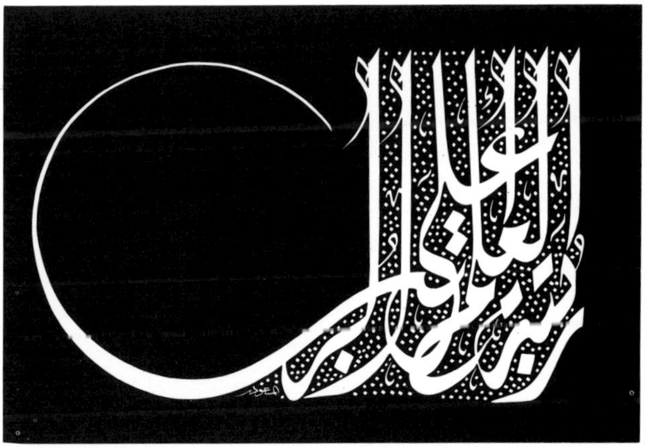

رتبة العلم أعلى الرتب

Le savoir se situe au plus élevé
des rangs.
Dicton arabe

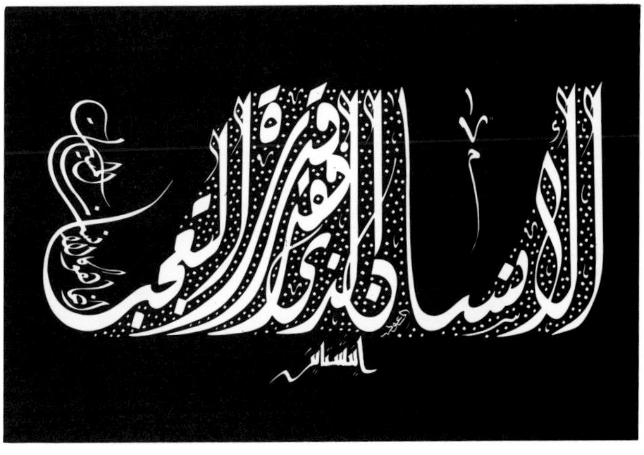

الانسان الذي فقدَ قدرة التعجب
إنما هوَ كا لأنسان الميّت - اينشتاين -

L'homme qui a perdu la faculté
de s'émerveiller est comme
un homme mort.
Einstein (1879-1955)

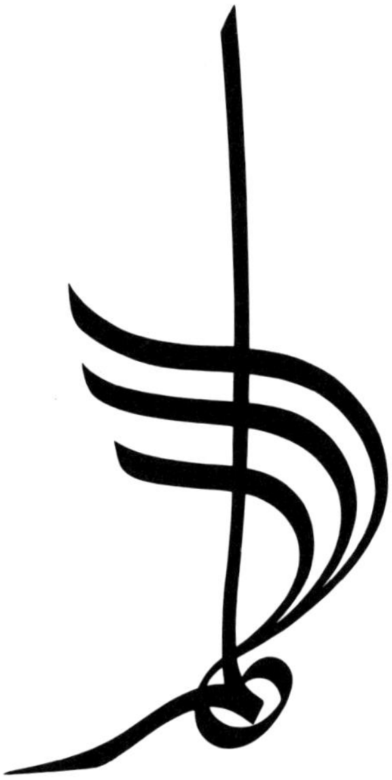

ثمان خطوط : السلام

8 calligraphies : La paix.

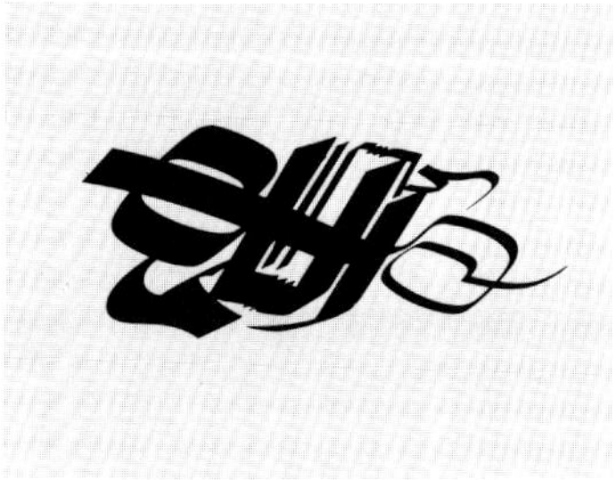

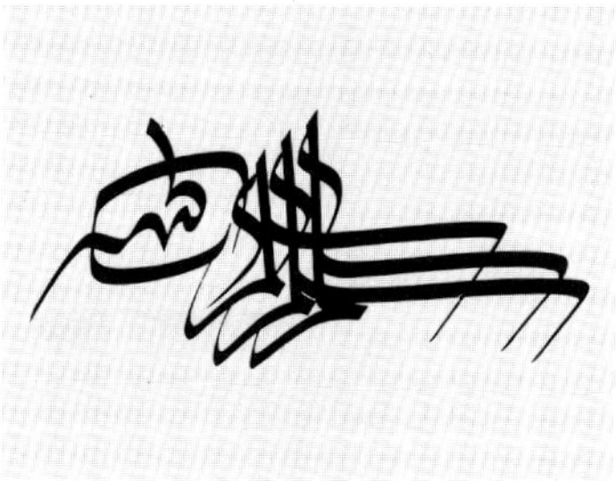

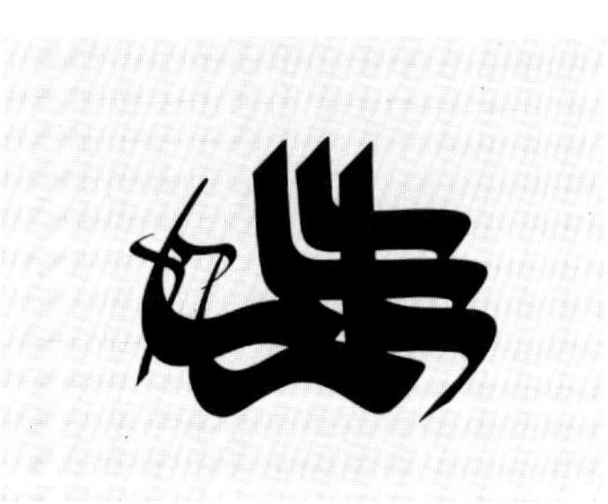

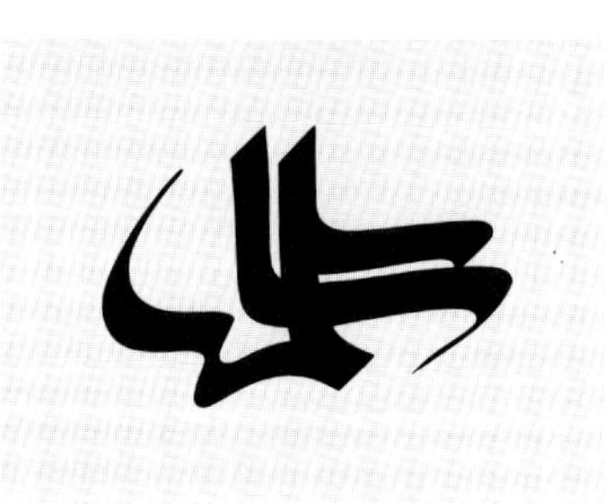

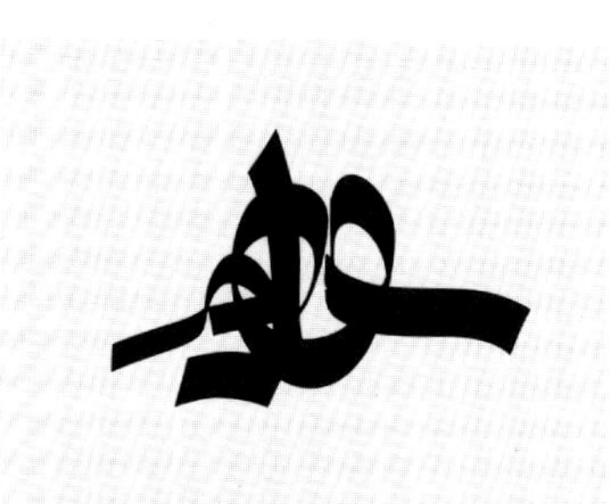

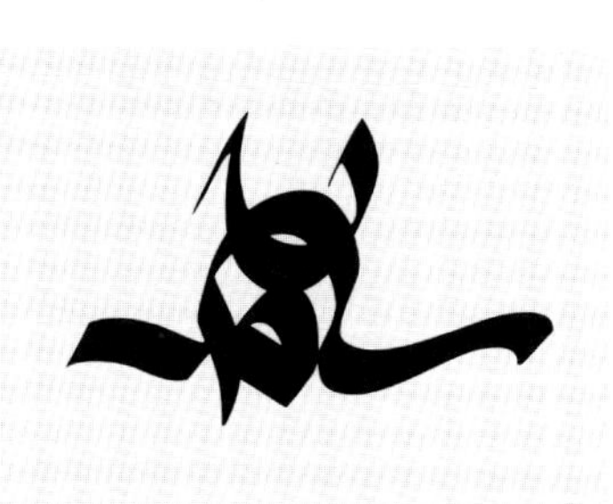

يستحيل حصر التنوع في إختطاط الكلمة ذاتها ، أو الجملة ذاتها . أجل يمكن الحصول على خطوط مختلفة للنص نفسه . وهنالك لوحات متعددة لا علاقة بينها شكليا سوى وحدة المضمون ، ويمكن أن يكون ذلك نوعا من التلاعب بالخطوط للوصول الى أجمل الاختلافات للنص نفسه .
وهذه الأختلافات ممكنة بسبب تنوع الأساليب ، وكذلك بسبب التنوع الموجود داخل كل اسلوب أيضا ، فضلا عن اختلاف الاداء من خطاط الى آخر . وإمكانيات الابداع المتعددة للخطاط نفسه .

Il existe une infinité de traductions calligraphiques pour un même mot ou une même phrase. On obtiendra un graphisme totalement différent, des tableaux sans aucun rapport entre eux, si ce n'est leur signification. Cela peut même devenir un jeu, pour trouver les plus belles variations sur un thème donné, comme un musicien le fait avec sa musique. Cette diversité est possible grâce aux divers styles et aux variantes propres à chaque style et aussi grâce, bien sûr, aux diverses interprétations et possibilités créatrices.

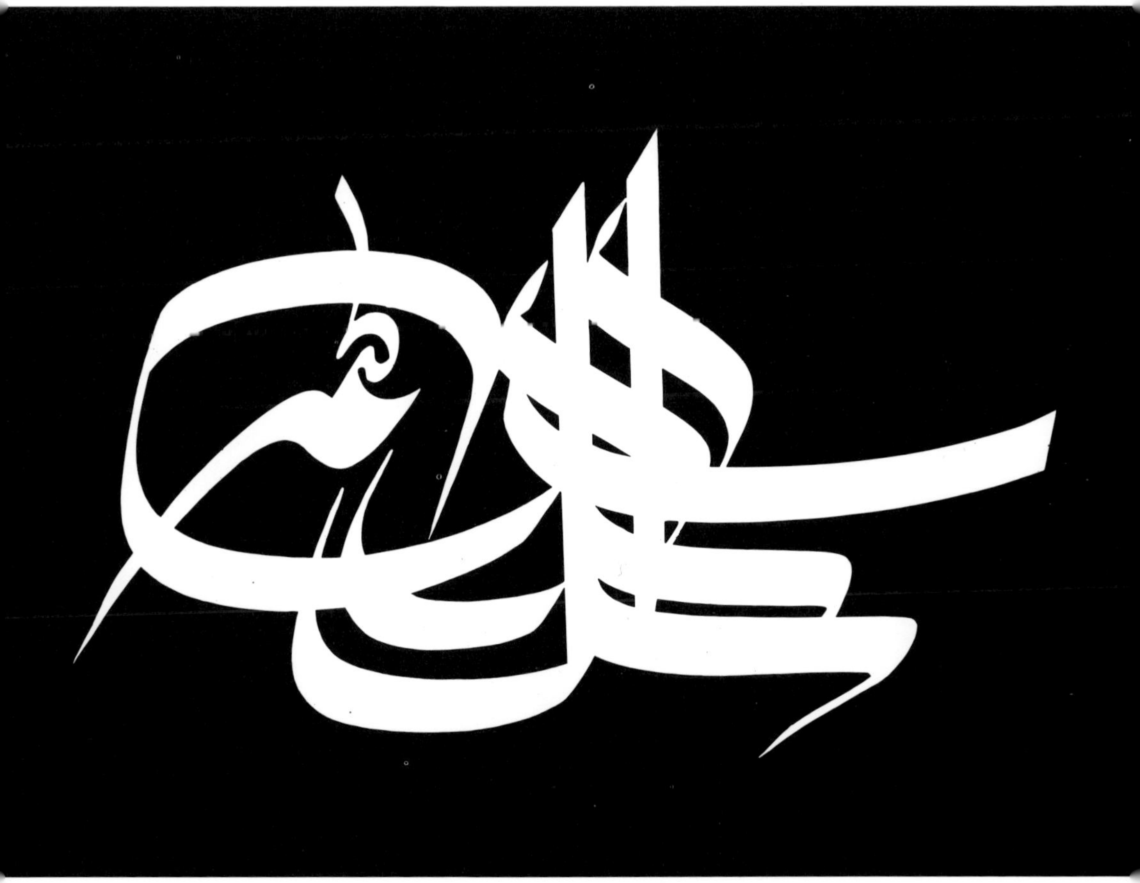

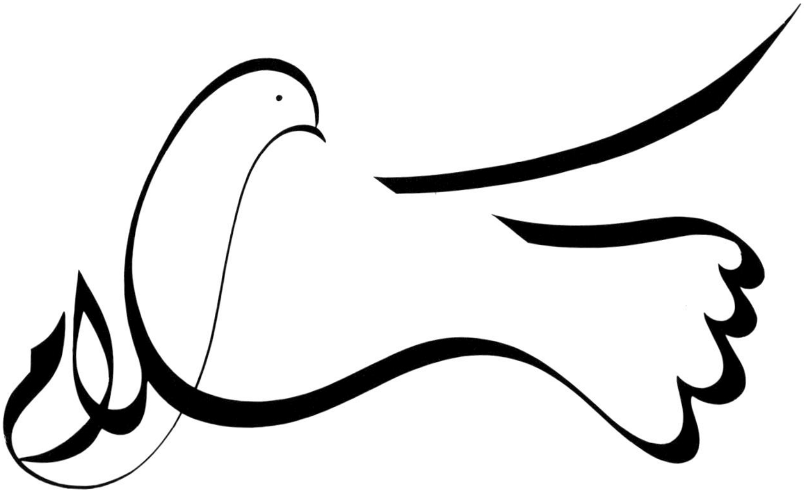

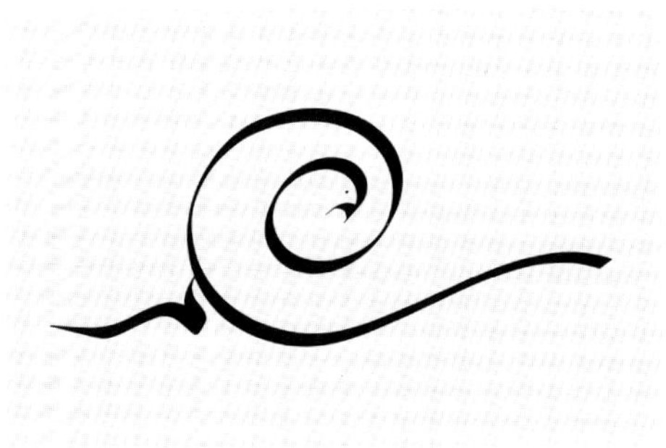

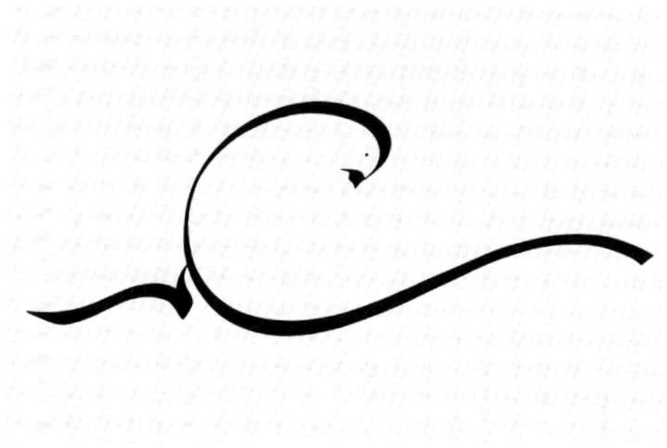

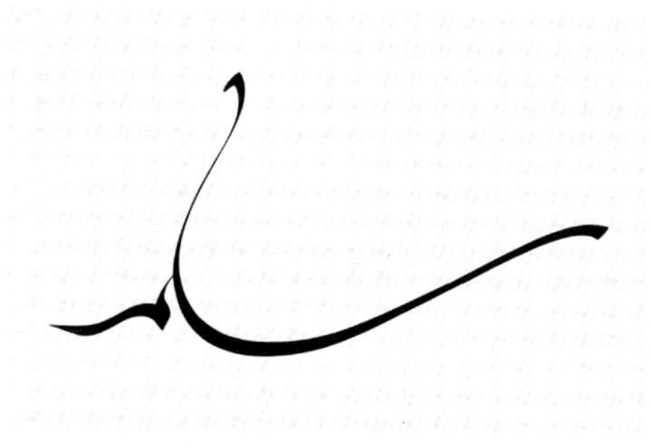

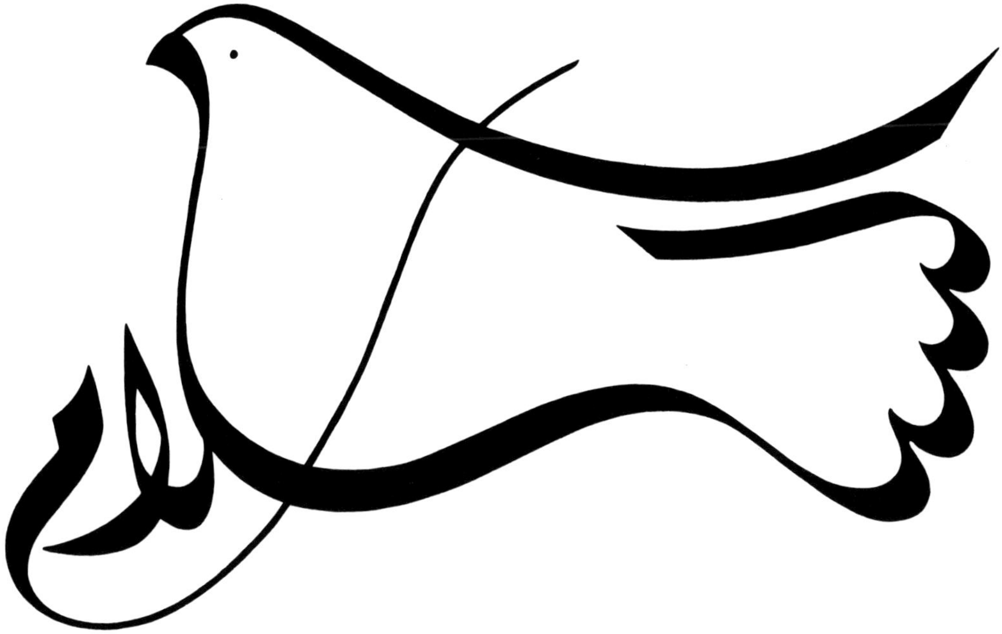

خمس خطوط : السلام

5 calligraphies : La paix.

الأنسان عَدو مَا يجهَل : ،، علم لغة ، تجتنب بَلاهة حَرب ، إنشر ثقافة تكتسبُ شَعبًا لشعب ،، نعيم بوطانوس

L'homme est l'ennemi de ce qu'il ignore :
Enseigne une langue, tu éviteras l'absurdité d'une guerre,
Répands une culture, tu rendras un peuple auprès d'un autre populaire.
Naïm Boutanos

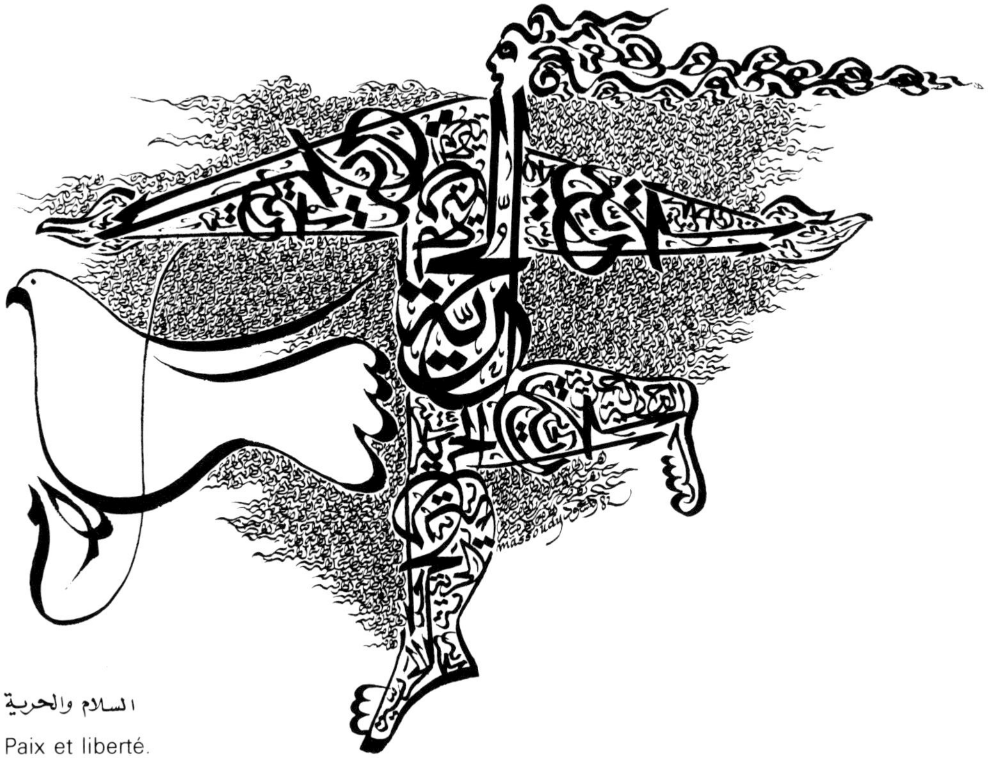

السلام والحرية

Paix et liberté.

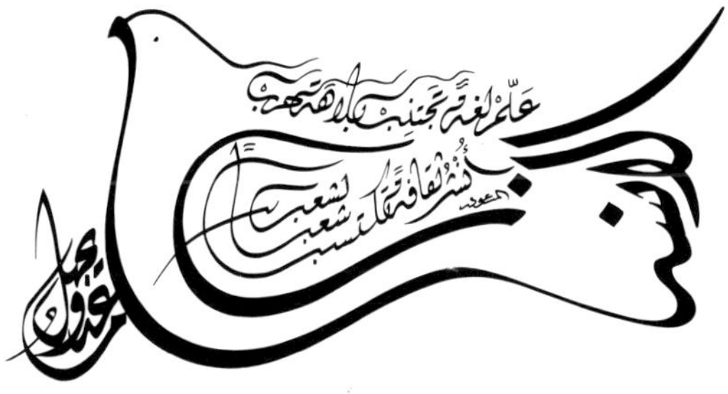

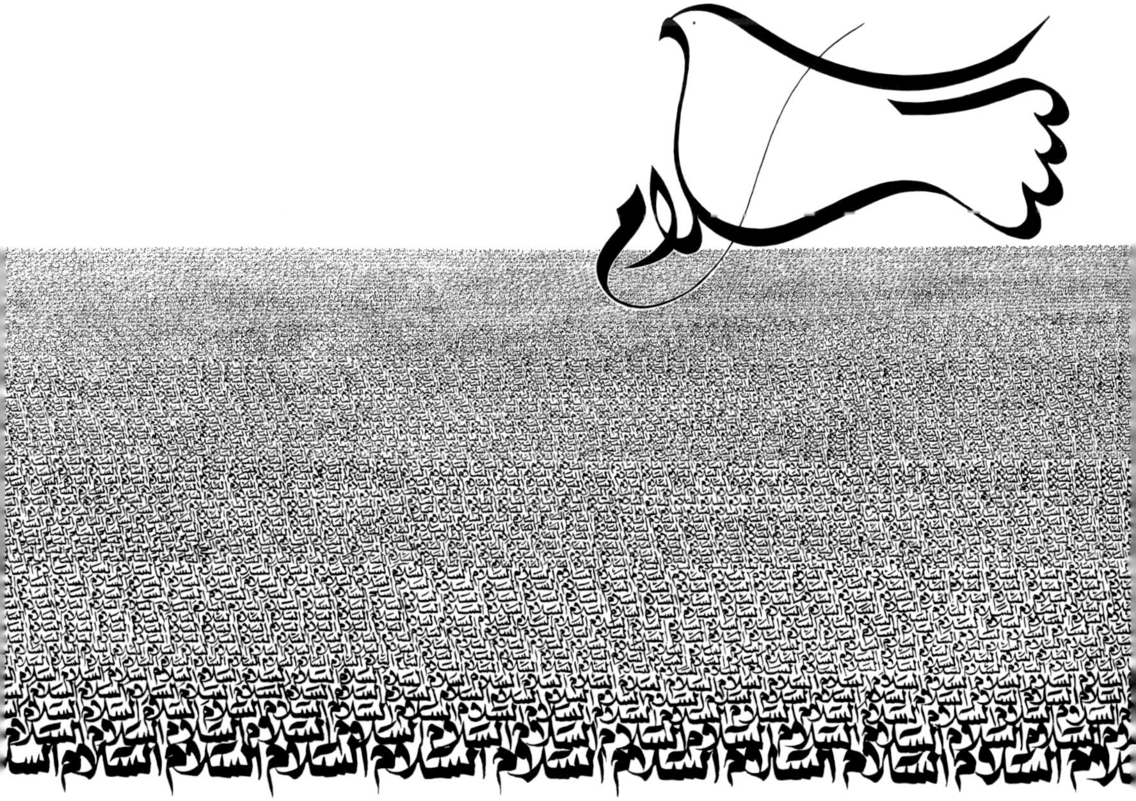

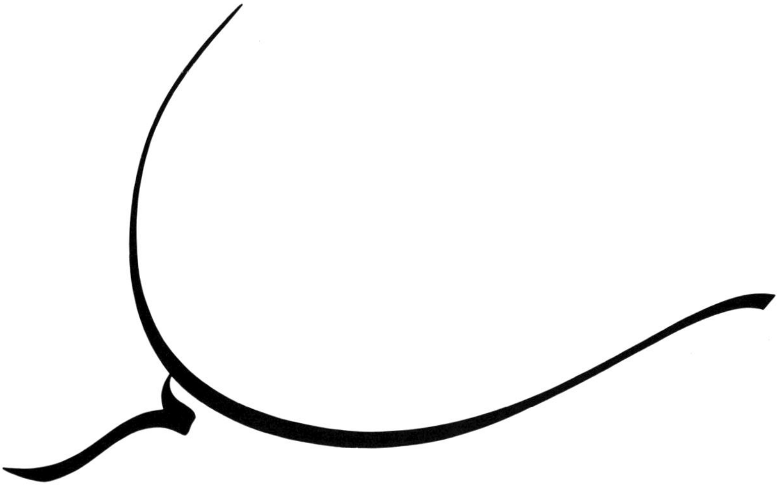

السلم

La paix.

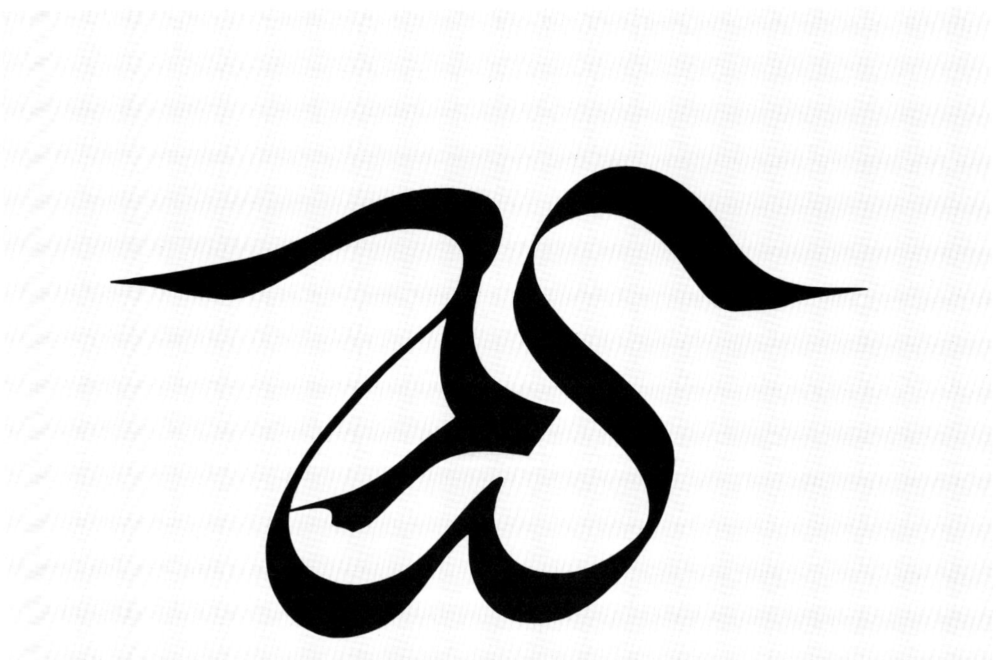

الفضاء

يحوّر الخطاط الفضاء المطلق للسطح التشكيلي، ويخلق عالماً يعبّر عن رؤآه، عالماً لا يمكن تعريفه بالكلمات، إنما نتحسسه بالرؤية والتأمّل.

لا يوجد فراغ بالمعنى المعروف للكلمة، داخل تكوين خطيّ، إنما يوجد امتلاءٌ اسود واستلاءٌ أبيض يحوطه، ويتحتم على كل مساحة، بيضاء كانت أم سوداء، ان تجد قوّتها التعبيرية.

المساحة البيضاء في الخط، مابين الحروف، تشابه الفضاء في العمارة. لقد كانت العمارة لكي توفّر لنا فضاءً نسكنه. ان للفراغ هنا قيمة تشابه قيمة الجدار الممتلئ. وهكذا فان الفضاء في الخط يكتسب قيمته الديناميكية من علاقة التجاور بين الحروف السوداء والعكس بالعكس.

ESPACE

L'espace blanc de la feuille blanche est modifié plastiquement par la calligraphie, forme d'expression offerte au regard et à la méditation. Dans une composition calligraphique, le vide n'existe pas, il n'y a que du plein noir ou du plein blanc et chaque espace, qu'il soit noir ou blanc, doit trouver sa force. On peut esquisser une comparaison entre la calligraphie et l'architecture. Une architecture existe pour définir un espace où l'on vit : le vide est réel et importe tout autant que le mur plein.

L'espace, en calligraphie, trouve sa valeur dans sa relation avec les lettres noires, et inversement.

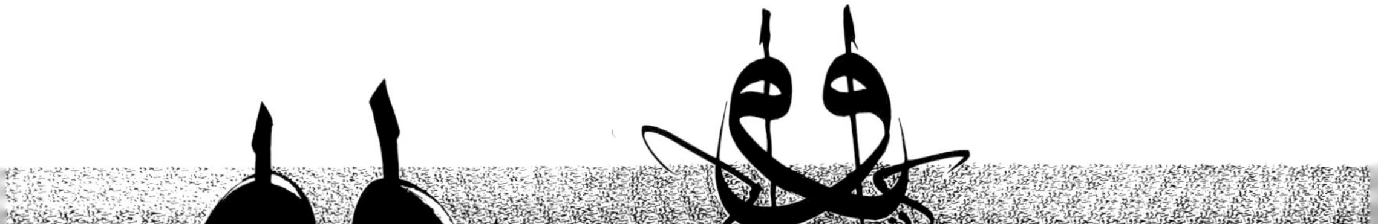

Avance et tu seras libre. Chaddad (VIe s.)

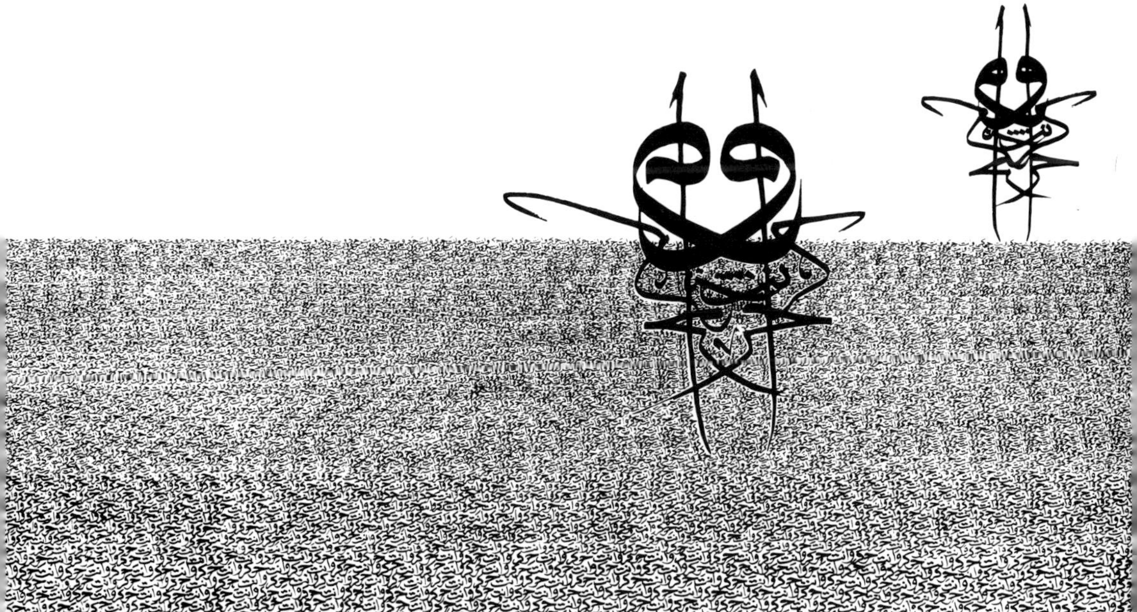

كر وأنت حر - شداد -

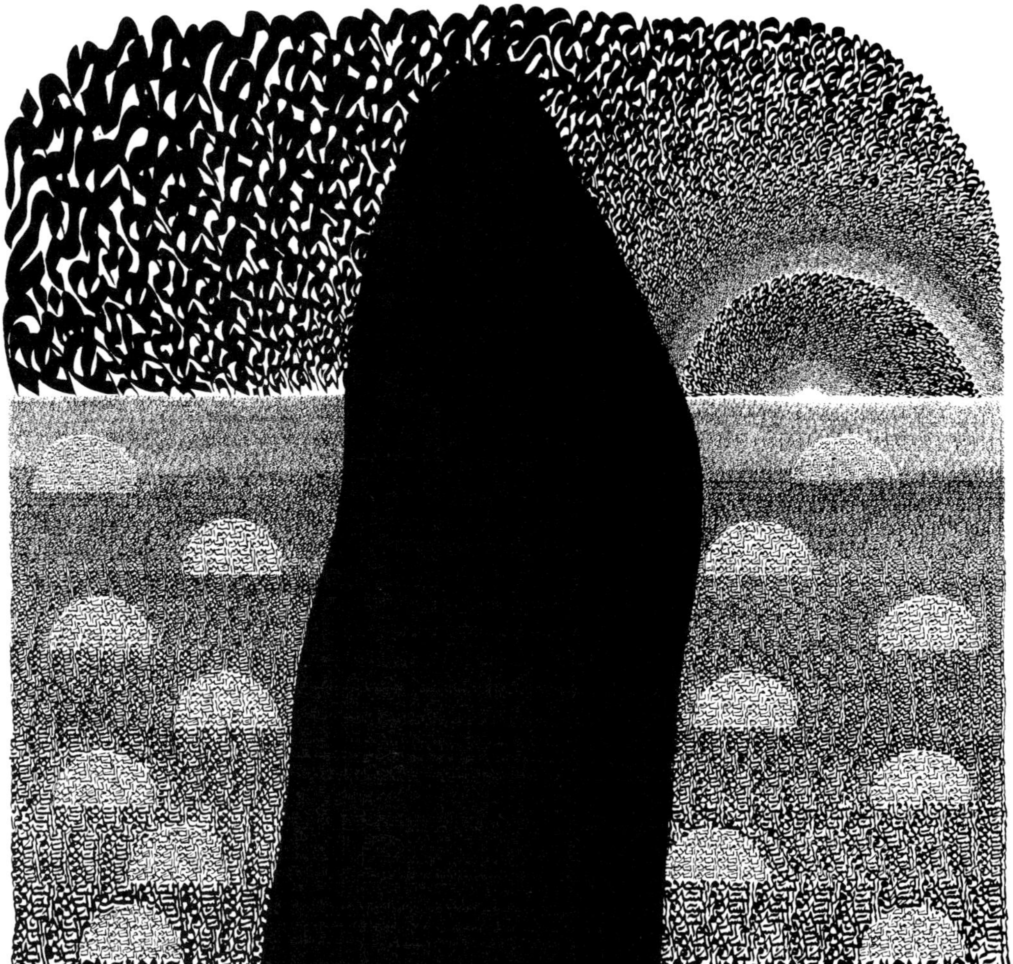

التعبير

يتحسس الخطاط الفرح والسلم مثل أيّ فنان آخر ، ويتمتع بأرقى النتاجات الأيجابيّة للانسان.
من جانب آخر ، يندمج بالحياة الاجتماعية ليتحسس الدموع والقلق أو العنف ، ويعبّر عنهما من خلال عمله.
وإنّ مدى قدرته على استيعاب هذه الانفعالات والتعبير عنها يجعل فنّه عالميًا ، رغم أنّه في الاساس يستعمل
الحرف العربيّ ، وهو حرف لا يقرأه الجميع ، لأنّ الخطاط ، قبل كتابته للنصّ ، يسكن فنه ، ويلتزم
بحركاته التلقائية . يحمل ثقل التشابكات الخطيّة ، أو يطير مع الحروف الخفيفة ، وهكذا يكون
التعبير بالنسبة اليه لحظة حريّة كبرى ، يصيح بما يريد قوله ، ويصبّ كلماته كالفولاذ المصهور ،
فتتقولب الاحاسيس في الحروف ، وتولد اللوحات التي ينعكس العصر من خلالها . أما تكرار الخطوط
القديمة من دون تغيير فمؤدّاه أنّ هذا الفنّ يبقى على هامش الحياة ، كالخطوط الراقدة على جدران
المقابر ، تلك الجدران التي غذت ذوق المسيرة البشرية في البلدان الاسلاميّة زمن إبداعها ،
ولكنها تبرد اليوم أزاء حرارة العصر وسرعته . الخطاط لا يخطّ لتثبيت ما هو ثابت إنما يخطّ ليتدبّر
هذه الكلمات تدبرًا آخر ، بغية رؤية جديدة لها .

EXPRESSION

La joie, le bonheur, la paix, l'angoisse et la violence sociale sont assimilées et exprimées dans l'art du calligraphe. Par sa capacité à recevoir ces émotions, à leur redonner vie, son langage peut devenir universel, même si la base en est l'alphabet arabe, indéchiffrable pour beaucoup. Grâce à l'utilisation du calligramme — lettre-image, mot-image — signification et visualisation deviennent universelles.

Parce que le calligraphe habite son art, il s'implique dans sa gestuelle. Il s'envole avec la légèreté d'une lettre ou porte le poids d'une autre. L'expression, pour lui, peut être un grand moment de liberté. Il hurle ce qu'il a à dire, et déverse ses mots.

Les calligraphies reproduisant celles des siècles passés sans changer l'atmosphère des compositions restent en marge de notre époque. Celles des monuments anciens, novatrices et fécondes en leur temps, ne communiquent plus de la même manière avec nous. A chaque époque sa vision.

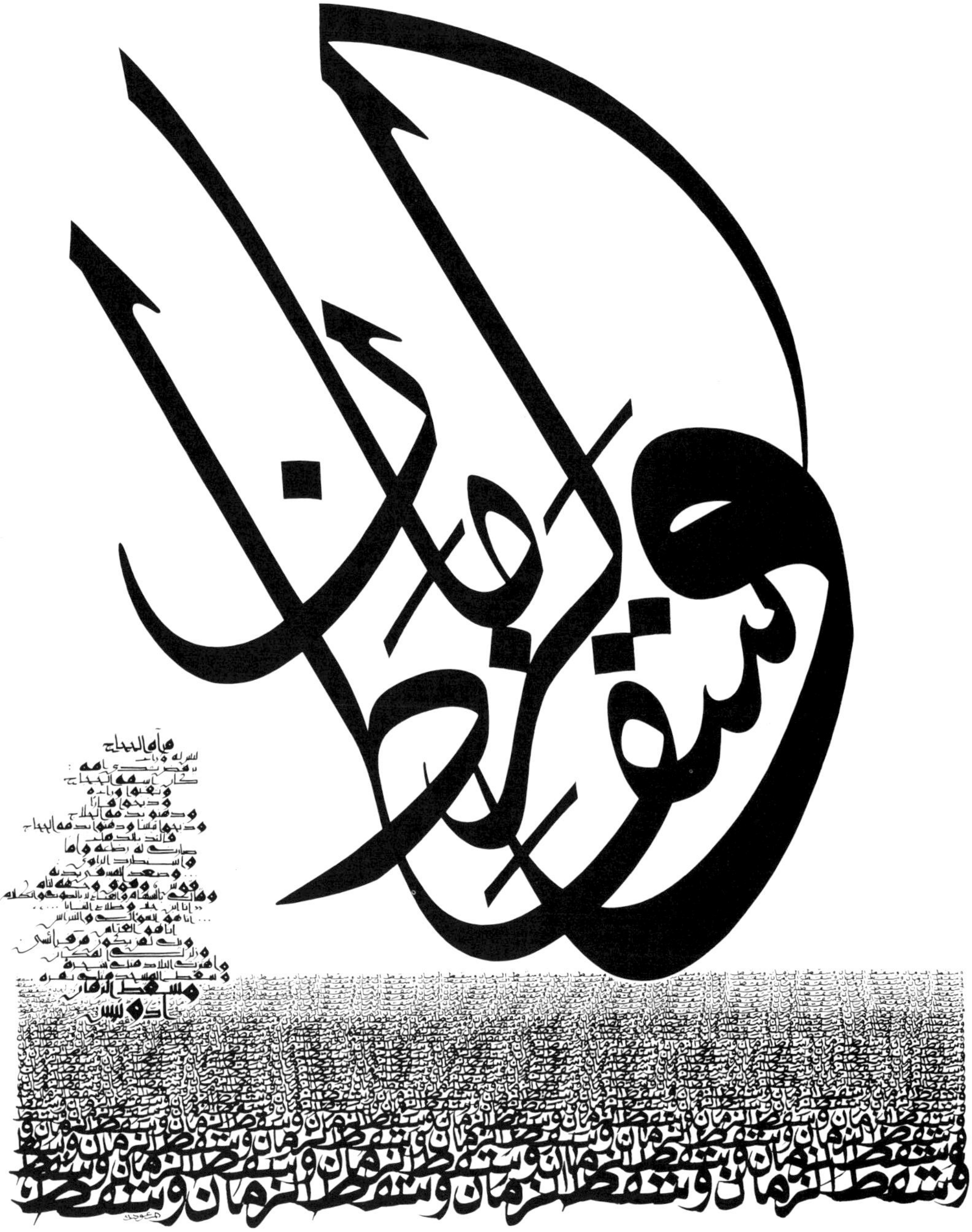

شعر لأدونيس

Poème d'Adonis.

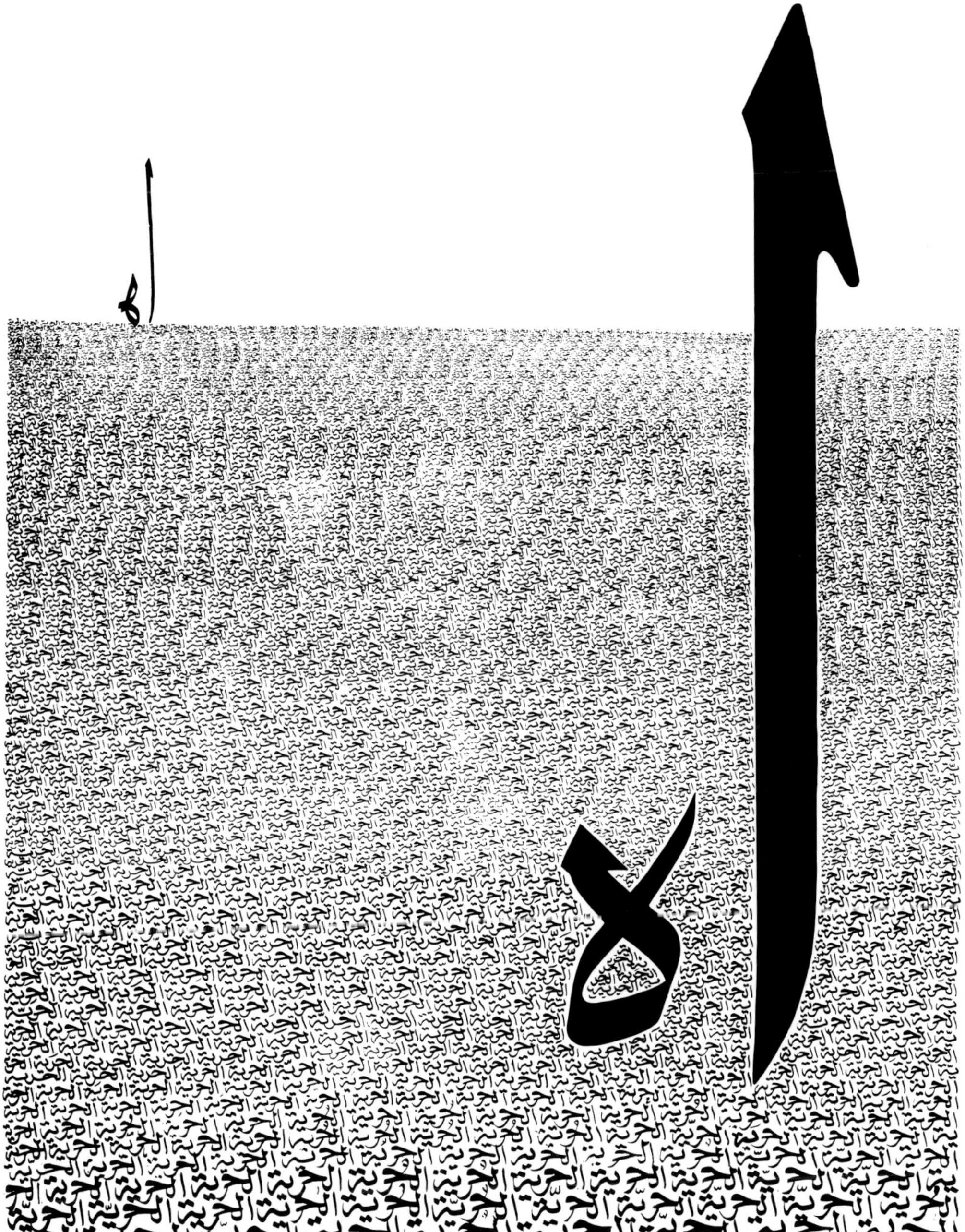

آه... الحرية

Ah... Liberté.

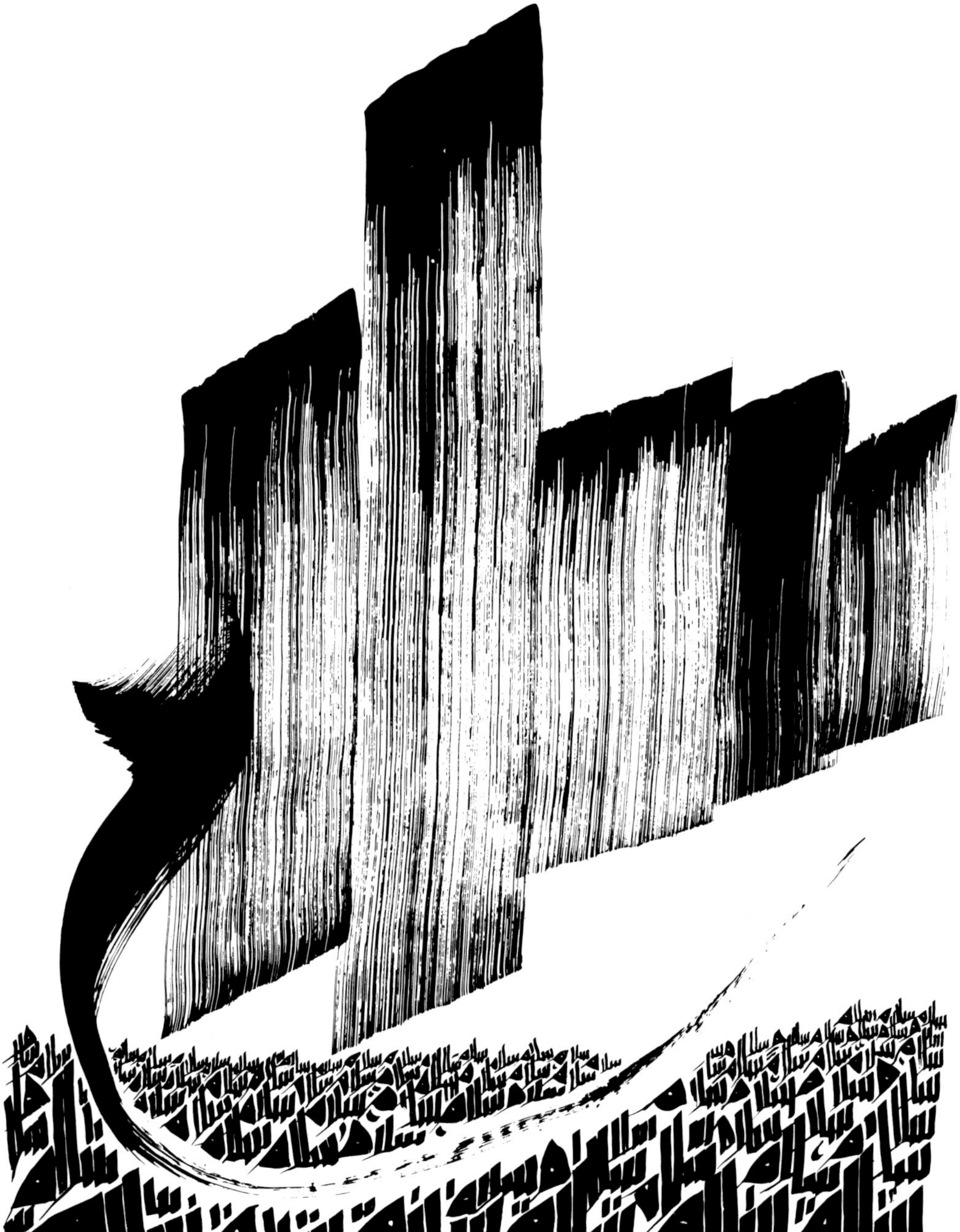

سلام

Paix.

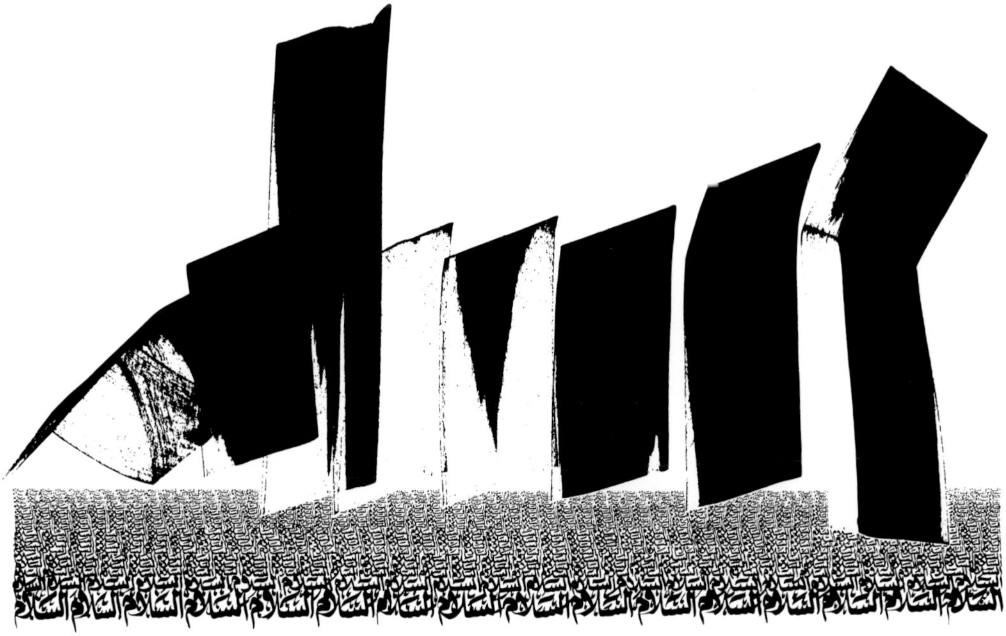

السلام

Paix.

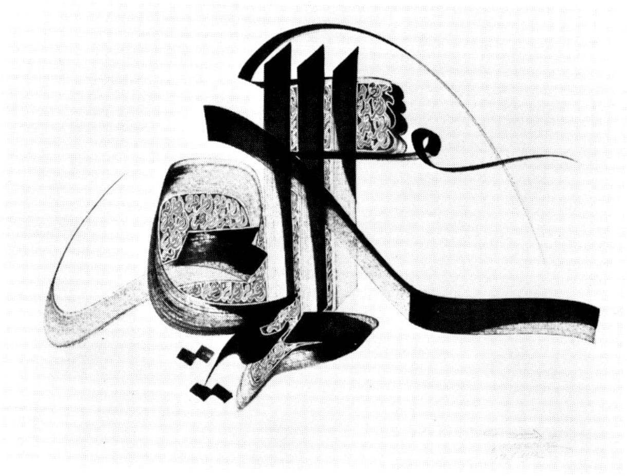

السلم والحرية

Paix et liberté.

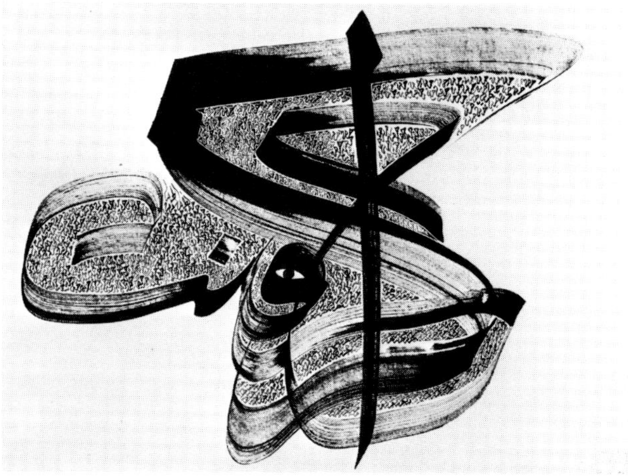

كر وانت حر - شداد -

Avance et tu seras libre.
Chaddad (VIe s.).

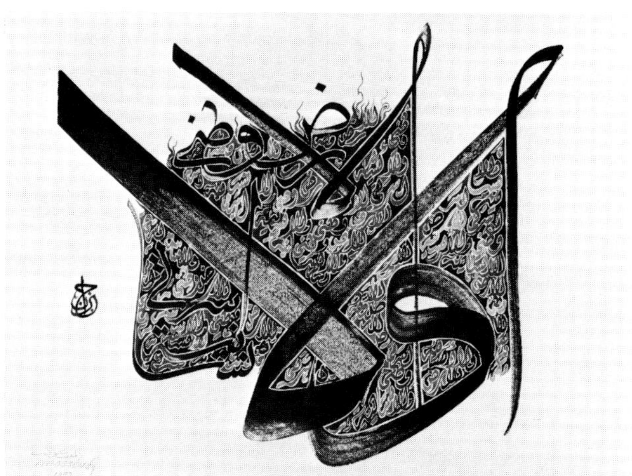

الأرض وطني والانسانية أسرتي - جبران -

La terre est ma patrie
et l'humanité ma famille.
Gibran Khalil Gibran (1883-1931)

Paix et liberté.

سلم وحرّية

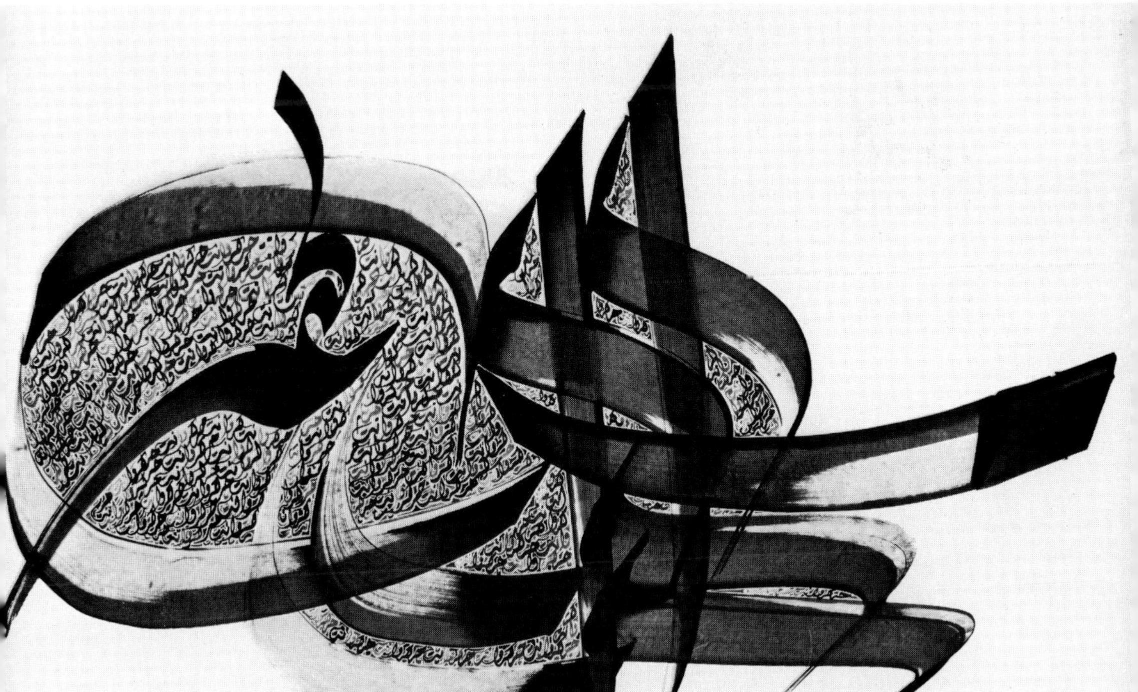

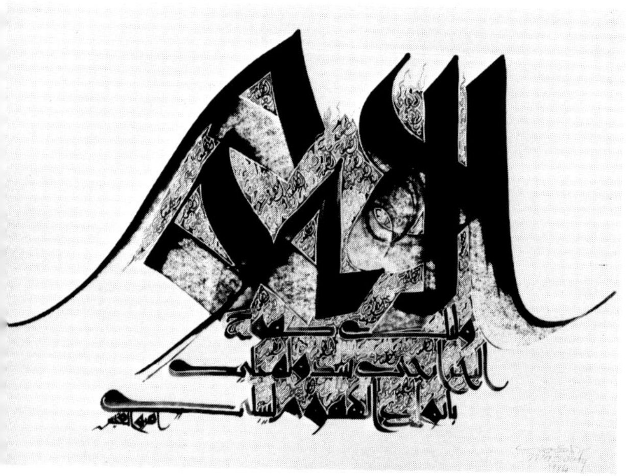

وليل كموج البحر أرخى سدوله عليّ بانواع الهموم ليبتلي
- امرؤ القيس -

Une nuit semblable aux vagues de la mer
m'enveloppe de ses voiles de soucis
et me cherche bataille.
Omru Al Qays (IVe s.)

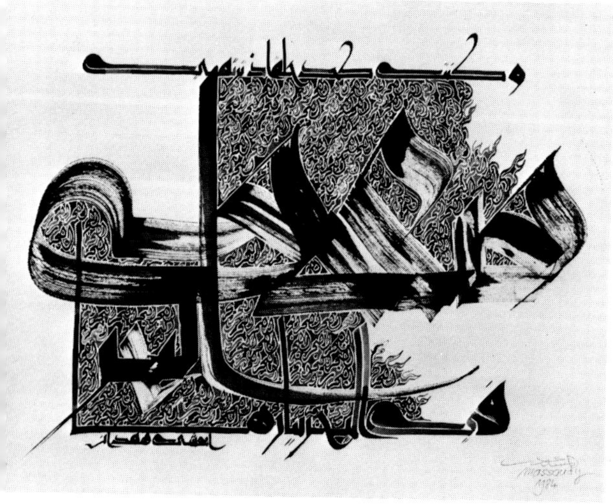

وكنتُ كدجلة إذ ترتمي فيقذفُ في البحر تيارها
- اعشى همدان -

J'étais le Tigre fougueux qui s'élance
Et jette dans la mer ses torrents.
A'acha Hamadan

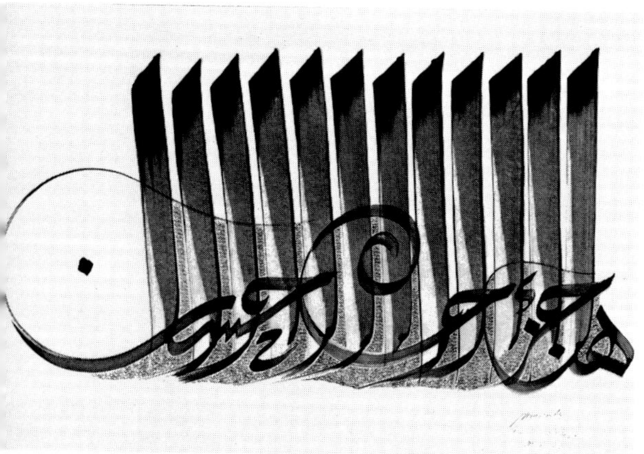

هل جزاء الاحسان الا الاحسان ؟

La récompense de la bonté
n'est-elle pas la bonté ?

المظهر المرئي للحرف

في الخط توجد الكتابة، ويوجد شيء آخر هو أقرب الى الفنّ التشكيلي. فعندما ننظر الى حرف مخطوط، نرى المادّة التي تكوّنه، والتي توافينا بموجات تحمل إحساس الخطاط وطبعه، فيقصّ الحرف ولادته تحت ضغط القلم.

في الخط التقليدي يُسحب الحبر على الورق بواسطة القصبة حسب سرعة معيّنة. أما في الخطّ الحديث فإن الحرف يُكتب بسرعة أوفر، وبجرّة واحدة في أكثر الأحيان، فيأخذ الحرف مظهر مادة صلبة، كمادة معدنية أحياناً، ولابدّ للعين من قراءة الحركة الأوليّة للقصبة، في الصعود والهبوط، أو في التحدّب والتعانق.

SURFACE DE LA LETTRE

La calligraphie exprime deux éléments : une information contenue dans les mots et une esthétique résultant de leur agencement.

Quand l'œil regarde une lettre, il perçoit la matière qui la constitue. Cette lettre émet une onde porteuse de la sensibilité et de la nature du calligraphe. Elle raconte également sa propre naissance sous la pression du calame. Ainsi l'œil relira le mouvement initial du roseau : monter, descendre, s'arquer, se bomber, s'étendre, s'enchevêtrer.

Pour calligraphier, on étire l'encre sur le papier à l'aide du roseau selon une certaine vitesse. En calligraphie moderne, ce geste s'effectue beaucoup plus rapidement, d'un seul jet, donnant aux lettres une apparence de matière solide et nette, et de force semblable à celle du métal.

اعرف نفسك بنفسك - سقراط -

Connais-toi toi-même. Socrate (Ve s. av. J.-C.)

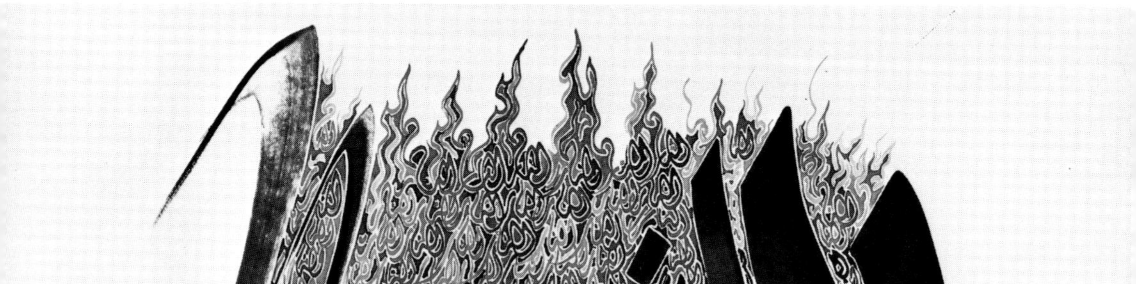

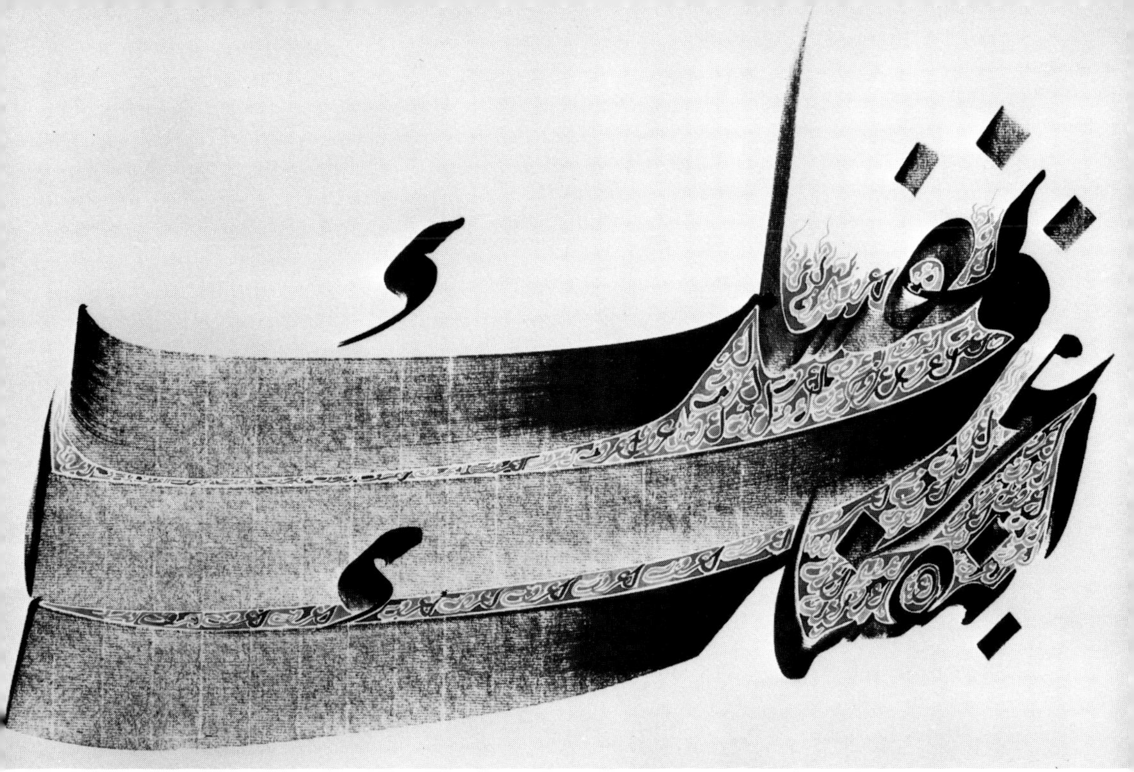

Je crois en la religion de l'amour, où que se dirigent ses caravanes, car l'amour est ma religion et ma foi. Ibn Arabi (XIIIe s.)

ادين بدين الحب انى توجهت ركائبه فالحب
دينى وايمانى - ابن عربي - القرن الثالث عشر

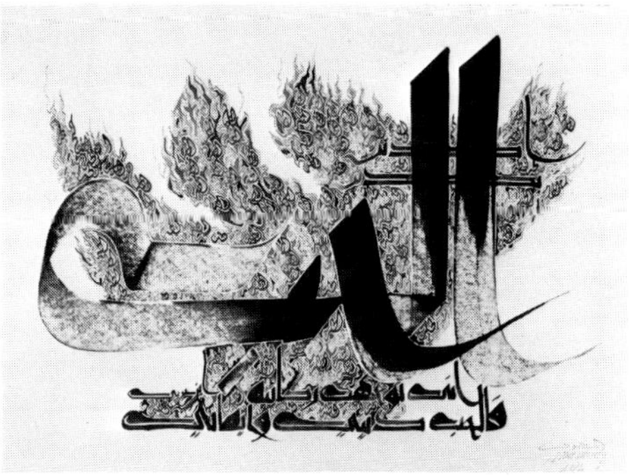

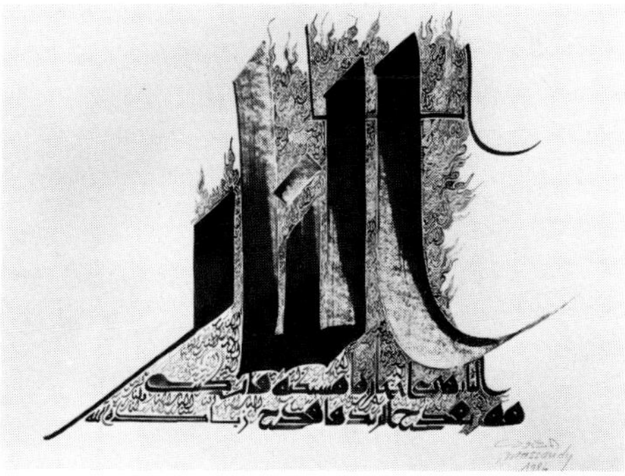

◀

أنا النارُ في أحجارها مُستكنةٌ فأن كُنتَ ممن يقدح الزندَ فاقدح
زيادة الله - القيروان - ٨١٧ م

Je suis le feu tapi dans la pierre.
Si tu es de ceux qui font jaillir l'étincelle,
alors frappe. Ziadetallah - Kairouan (817) ▶

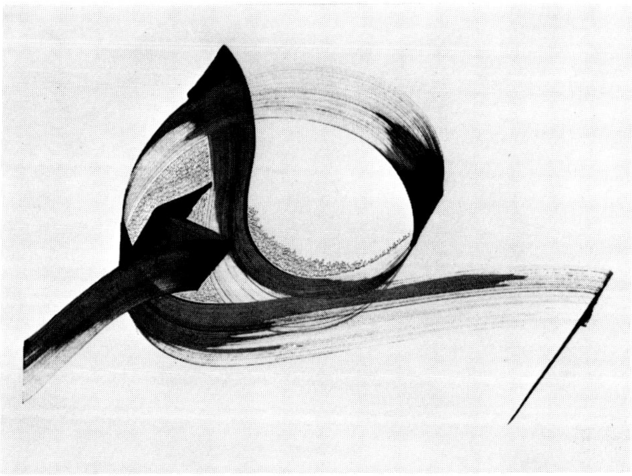

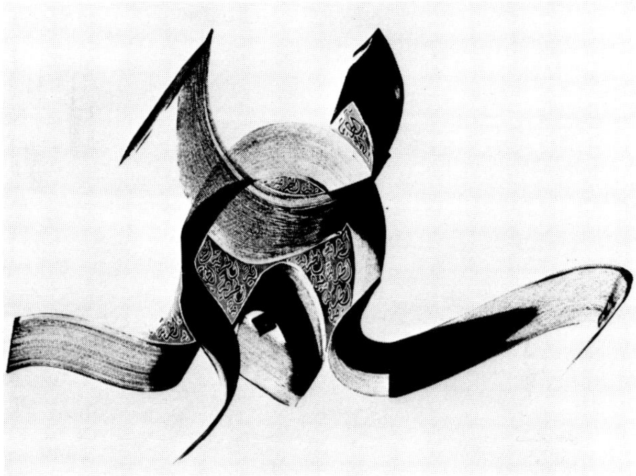

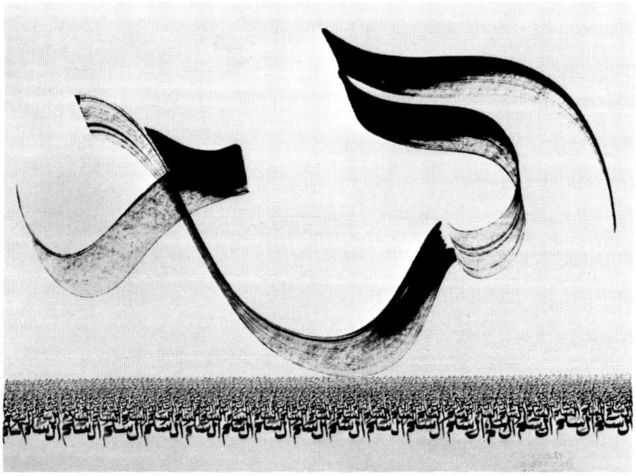

٤ خطوط : السلام

4 calligraphies : La paix.

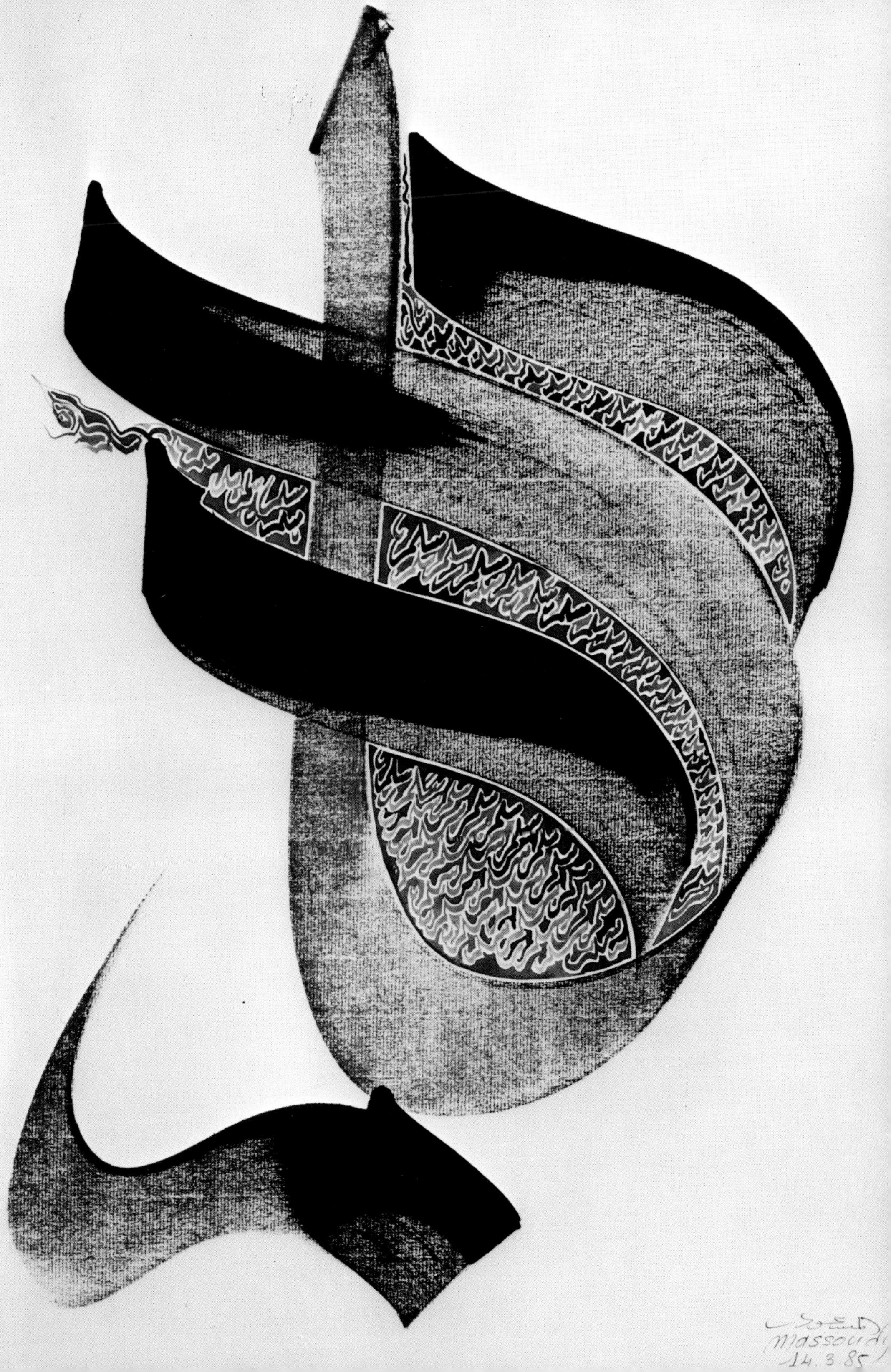
Massoudi
14.3.85

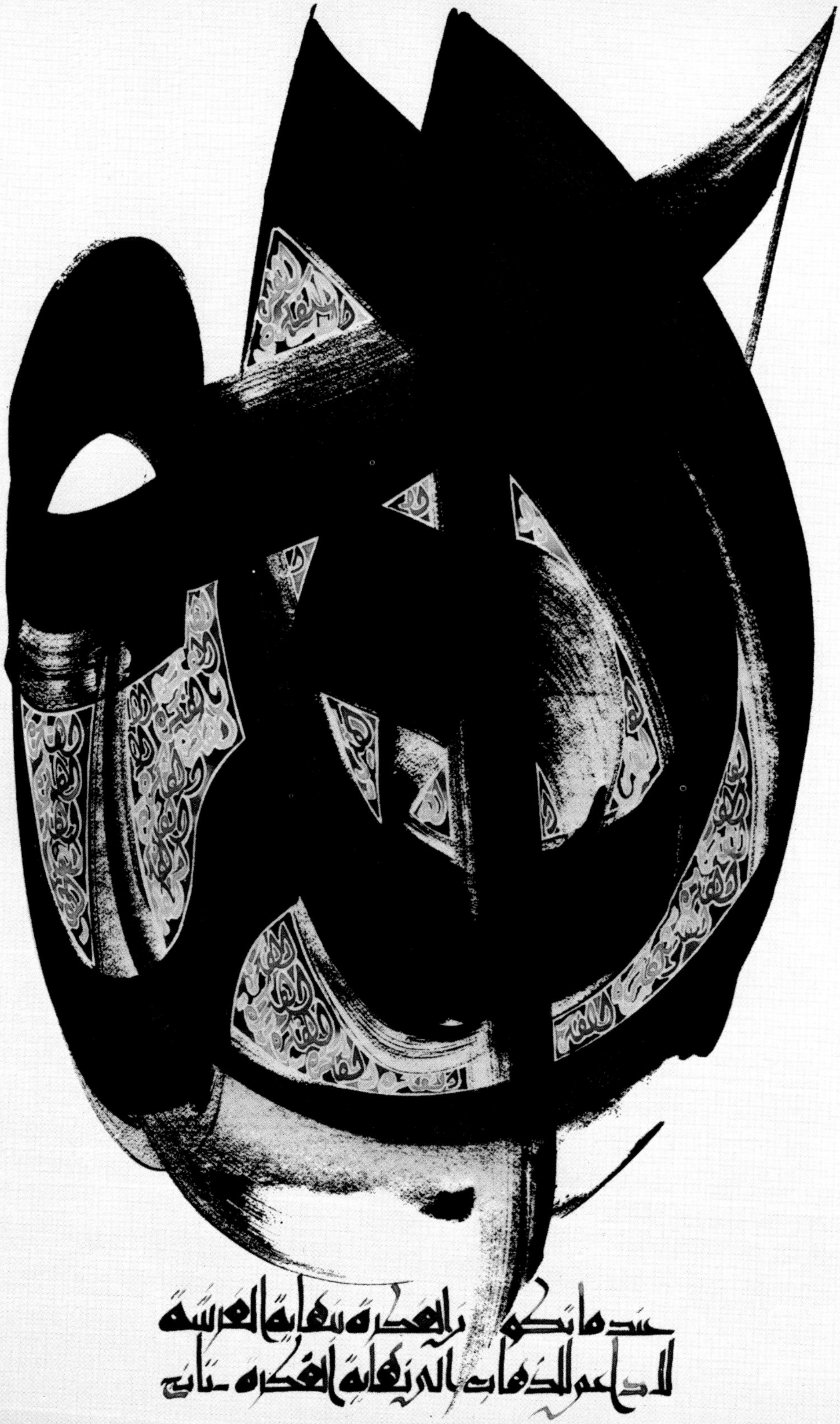

عندما تكون الفكرة بنهاية الفرشة ،
لا داعي للذهاب الى نهاية الفكرة . - تا نج -

Quand l'idée est au bout du pinceau,
pas la peine d'aller au bout de l'idée.
Ting (peintre chinois)

كر وأنت حر - شداد -

Avance et tu seras libre. Chaddad (VIe s.)

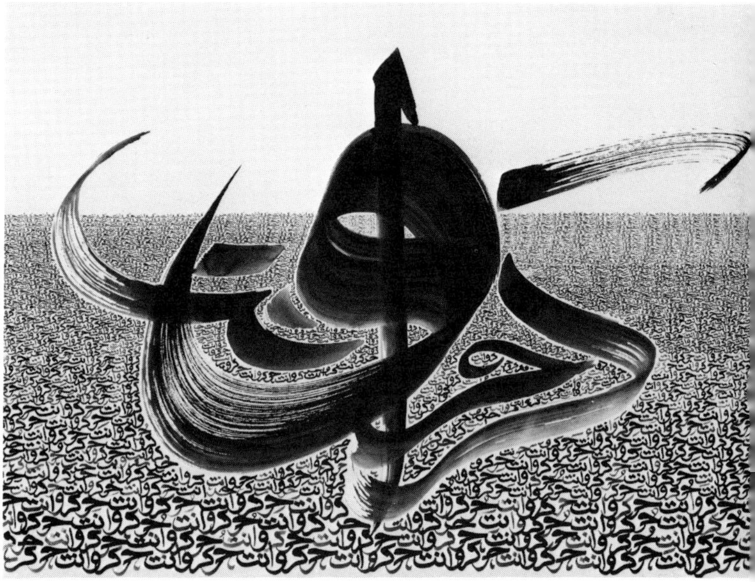

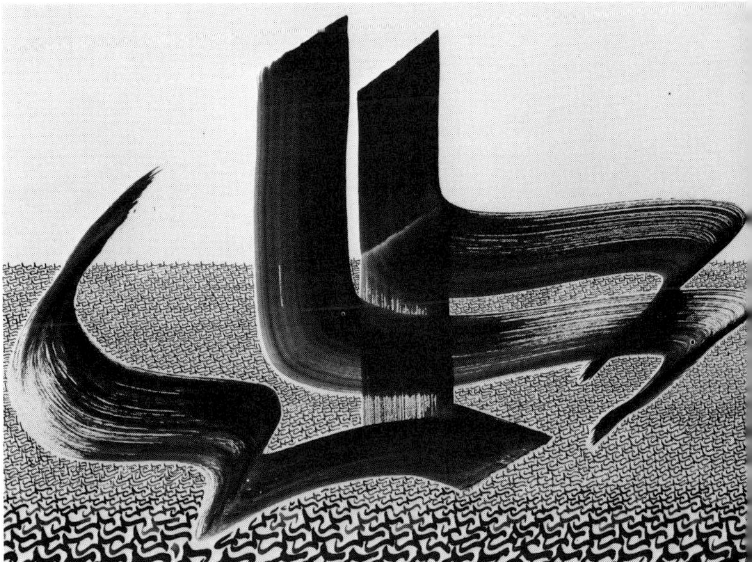

السلم

La paix.

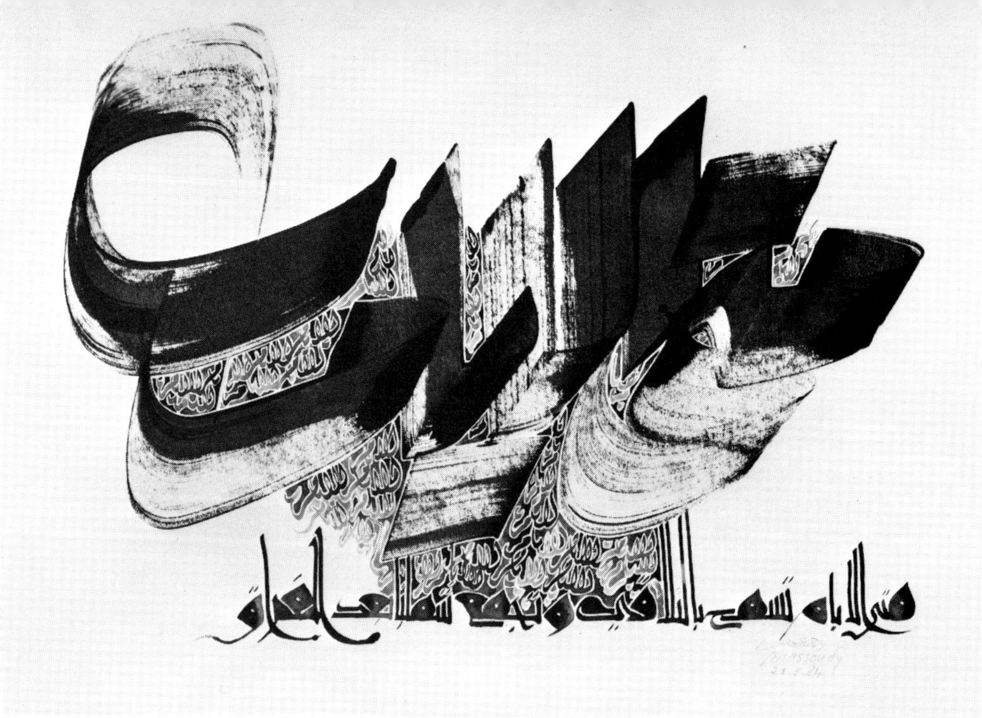

متى الأيام تسمح بالتلاقي وتجمع شملنا بعد الفراق - الف ليلة وليلة -

Quand les jours permettent-ils les retrouvailles,
Et nous réuniront-ils après la séparation ? *Les Mille et Une Nuits*

VISION MODERNE

Une lettre calligraphiée d'un geste dix fois plus rapide que d'habitude sera comme un mot crié dix fois plus fort. La marche devient course, la tiédeur, bouillonnement. La force et l'énergie se multiplient dans le geste calligraphié, dans l'interaction des lettres, dans l'enchevêtrement, l'emboîtement, les soudures ou l'élan. Le calligraphe dépasse ainsi les règles dominantes et, s'il change la forme, celle-ci lui impose également un changement des idées, du contenu.

La calligraphie contemporaine ne peut pas ressembler à celle d'Ibn Al Bawwab (XIe s.) ni à celle de Rakim (XIXe s.). C'est le temps qui pousse à ces transformations. Il est vrai que la calligraphie a quelque chose d'intemporel. Si le calligraphe contemporain de la conquête de l'espace ne peut pas travailler comme au temps des caravanes, il n'en reste pas moins en dialogue constant avec ses prédécesseurs.

Comme tout artiste, le calligraphe exprime ses angoisses, son bonheur, son espoir. Le cri et l'étincelle qui jaillissent de son monde intérieur ont la vigueur de lettres noires gravées dans l'acier.

Une voix intime pousse chaque être humain dans une direction. Lorsqu'on suit cette voix jusqu'à l'obsession, l'expression devient spécifique et enrichira les autres.

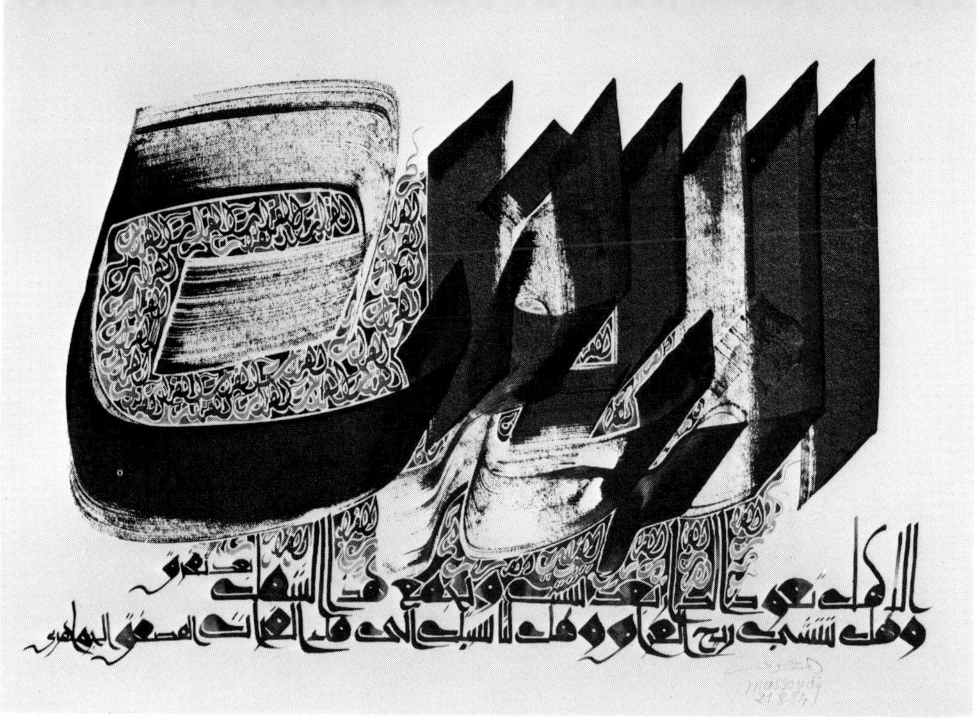

إلا هل تعود الدار بعد تشتت ويجمع هذا الشمل بعد تفرق ، وهل ننتشي ريح العراق
وهل لنا سبيل الى ماء الفرات المصفق - الشاعر محمد مهدي الجواهري -

La demeure reviendra-t-elle après s'être éparpillée
Pour que s'accomplisse la réunion des séparés.
Prendrons-nous extase dans les vents d'Irak
Aurons-nous une voie vers les eaux éclatantes de l'Euphrate.
Al Jawahiri

الخط الحديث

عندما يُخطُّ الحرفُ بحركةٍ مُسرعةٍ تفوق عشر مراتٍ سرعةَ الحركةِ العاديّةِ ، تتحوّلُ الكلماتُ الى صرخاتٍ ، والمسيرةُ الى ركضٍ ، والدفءُ الى غليانٍ . فيتعدّدُ التعبيرُ ، وتتضاعفُ الطاقةُ داخلَ هذهِ الحركةِ التلقائيّةِ ، ضِمنَ تكتّلِ الحروفِ وتشابُكِها وتماحُكِها وتماسّها وتلاحُمِها ، أو في انسيابيّتِها وطيرانِها . وهكذا يتخطّى الخطّاطُ القواعدَ المُهيمنةَ ، ويغيّرُ الشكلَ ، مِمّا يفرضُ عليهِ بالتالي تغييرَ الأفكارِ والمضامينِ . وبقدرِ ما يرفضُ الخطاطُ تقليدَ الخطوطِ القديمةِ يتحوّلُ الى خطّاطٍ مُبدعٍ .

لا يمكنُ الخطَّ الحديثَ أن يُشابهَ خطَّ ابنِ البوّاب - القرن الحادي عشر - ولا خطَّ راقم - القرن التاسع عشر - فالزمنُ يفرضُ التحولات . صحيحٌ أنّ الخطَّ يتميّزُ بنوعٍ من اللازمنيّةِ ، فرضتها قواعدُ ورثناها عن أجيالِ الخطاطينَ المتعاقبةِ . ولكنَّ الخطاطَ الذي يعيشُ عصرَ غزوِ الفضاءِ لا يُعقلُ أن يخطَّ كمَن عاشَ عصرَ الحصانِ . يَجِبُ أن يكونَ الخطُّ الحديثُ استمراريةً للخطوطِ الماضيةِ ، وذلكَ بالحِفاظِ على بعضِ العناصرِ شرطَ إعطائها المظهرَ المعاصرَ ، وتتحوّرُ عناصرُ أُخرى بينما ينحسِرُ كلُّ ما لا يتّفقُ مَعَ ديناميكيةِ الزمنِ الحديثِ ونغمِهِ .

الخطاطُ الذي يعبّرُ عن أحاسيسِهِ من خلالِ فنِّهِ ، انما هو ككلِّ فنانٍ يَبحثُ في أعماقِهِ ، ليعكسَ قلقَهُ وسعادتَهُ وأملَهُ . الصرخةُ والشرارةُ اللتانِ تنطلقانِ من الداخلِ ، تكونانِ حروفًا سوداءَ ، ولكنّهما تظهرانِ كأنّهما محفورتانِ في الفولاذِ . إن لكلِّ انسانٍ صوتًا داخليًا يدفعُهُ باتجاهٍ ما . ولا بدَّ مِنَ التعرّفِ على هذا الصوتِ واتّباعِهِ حتى الامتلاكِ . آنذاكَ يكونُ التعبيرُ الفنيُّ خاصًا بذلكَ الانسانِ ، ويُثري الآخرينَ لأنهُ جديدٌ .

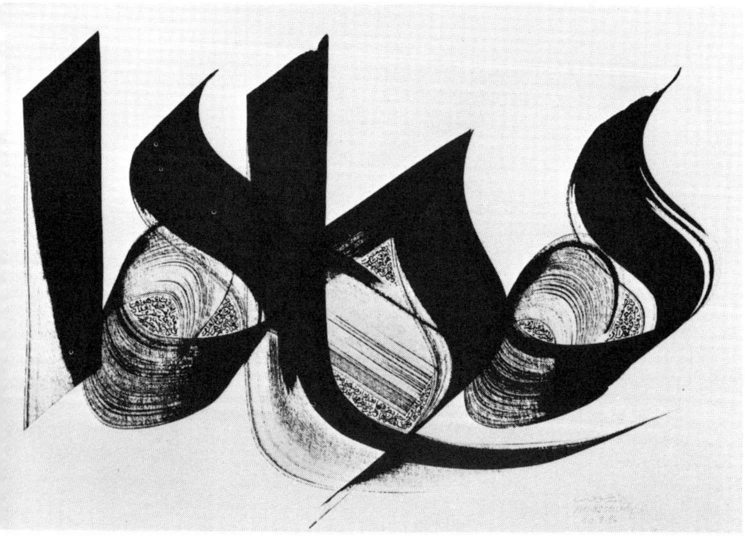

L'Irak, de son sein me donna l'amour
Bagdad, de son regard me séduisit. Ibn Al Hassan Moutrif

أرضَعتني العراق ثدي هواها وغزتني بطرفها بغداد
ابن الحسن مطرف - غرناطة - القرن الثالث عشر

الأنسان الذى فقدَ قُدرة التعجُب إنما هو كالأنسان الميّت - اينشتاين -

L'homme qui a perdu la faculté de s'émerveiller
est comme un homme mort. Einstein

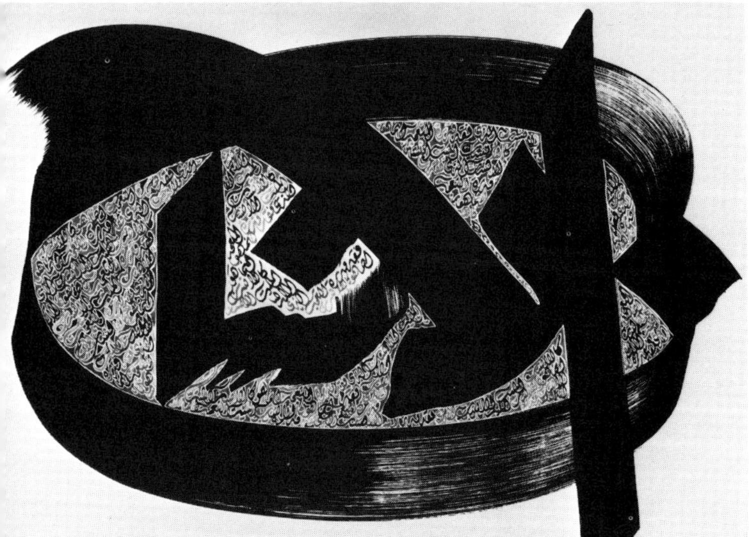

ضَع الأشيَاء بمكانها تضَعكَ بمكانك
مثل عربي

Mets les choses à leur place,
elles te mettront à la tienne.
Proverbe arabe

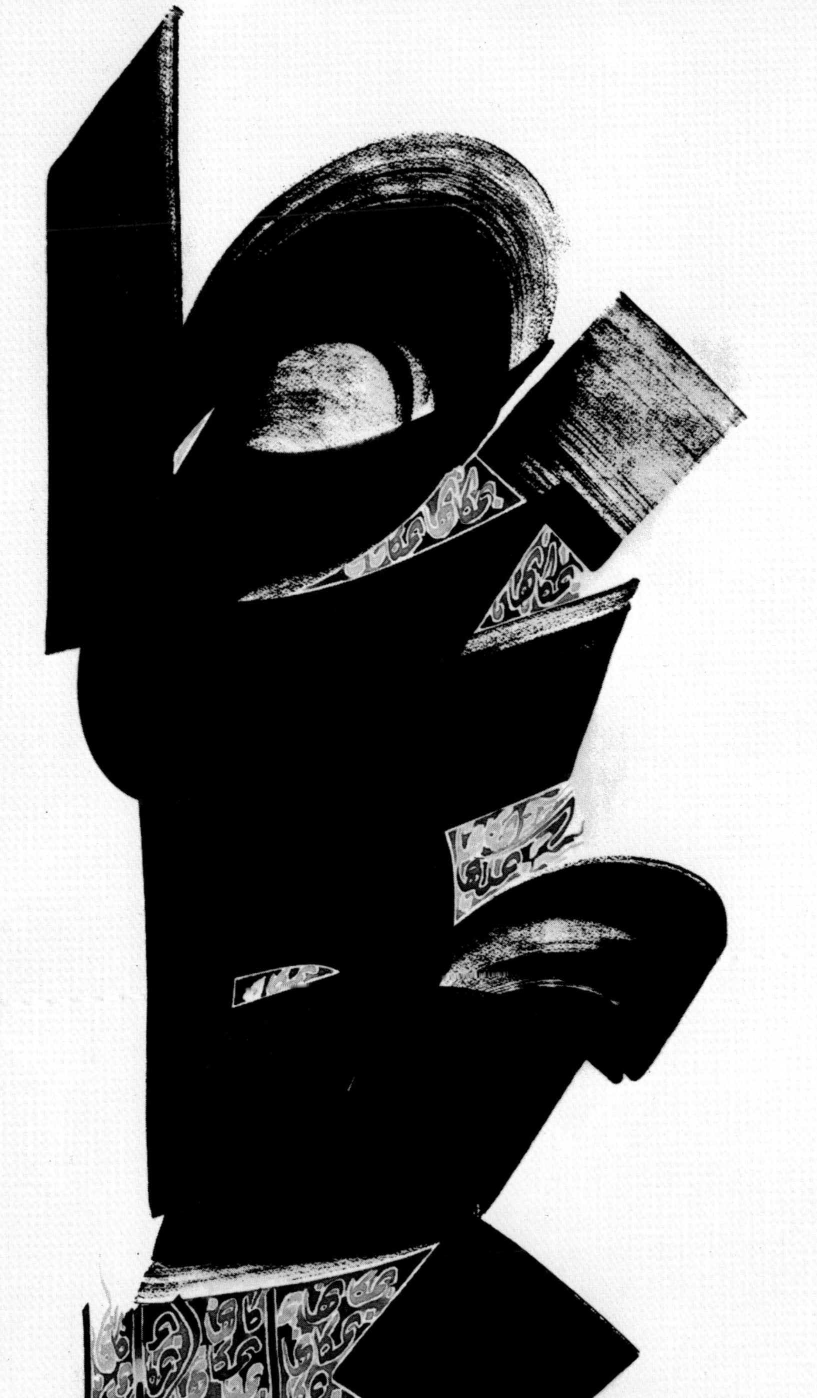

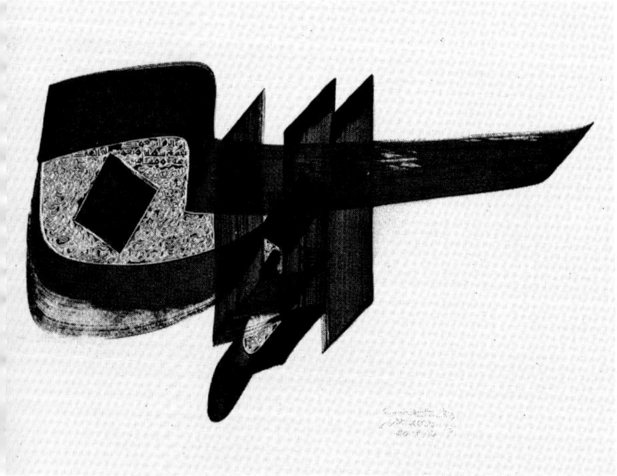

أترى الزمان يَعودُ يَجمعُ شملنا ويعودلي الفي بهم ومسَامري
- الف ليلة وليلة -

Le temps reviendra-t-il pour nous réunir
Et retrouver leurs compagnies et veillées.
Les Mille et Une Nuits

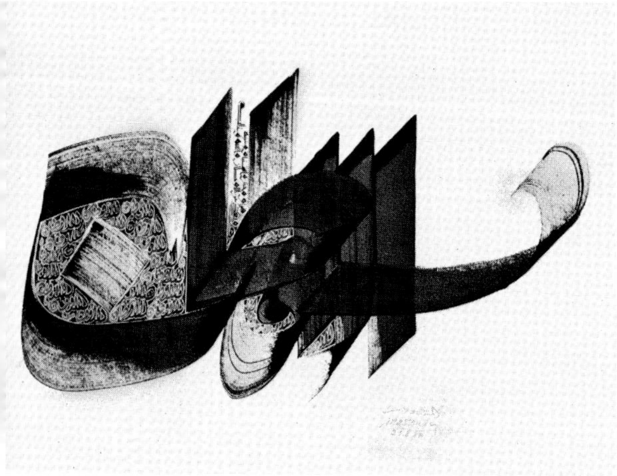

فراق وَحزن وأشتياق وغربَة وبَعدُ عن الأوطان والشوقُ غالبُ
- الف ليلة وليلة -

Séparation, chagrin, nostalgie et exil, l'éloignement du pays et le désir dominant.
Les Mille et Une Nuits

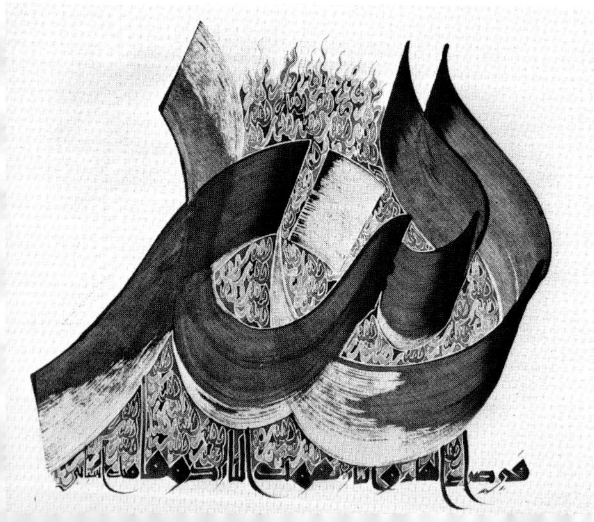

في صراع الماء والنار، تموت النار دومًا - مثل اسباني -

Dans la lutte de l'eau et du feu,
c'est toujours le feu qui meurt.
Proverbe espagnol

الطاقة

ان لحظة النظر الى تشكيلة خطية، هي لحظة تبادل توقظ الطاقة الكامنة في هذه التشكيلة. فنحس حيالها بشعور الخطاط، وخفة روحه، ورعشاته المكنونة ولذاته. وهكذا يغتذي المشاهد جماليا. أي إن الخط هنا يحمل جوهر طاقات الخطاط نفسه والتي ترسل لنا ذبذباتها السرية عبر الانحناءات والاندماجات، عبر تعارض الخطوط او تعانقها... داخل الايقاع العام للتشكيلة.

لحظة يولد الخط يكون قد بدأ يلح الاندفاع الداخلي الى الابتكار. تقف النصوص أحيانا، أو قواعد الخط بوجه هذا الالحاح، وتحاول تأخير الابداع. ولكن مدى قدرة الخطاط على تجاوز هذا التأخير يعكس واقع طاقاته الداخلية، وثراء تجربته التي تأتي هنا لتحرير الحروف واخراجها.

لا يستطيع الخطاط في أي لحظة إنجاز خطوط جميلة. لأنه عندما ينصرف الى الخط، ينبغي له أن يستجمع كل طاقاته الداخلية بواسطة التركيز، لتتجه نحو التشكيلة التي ينجزها. وبغية تحقيق تشكيلة خطية متخيلة وتحريرها، يجب ان تكون طاقة الخطاط الداخلية في أقصى تهيؤها. وهو، اذا أعوزه القسط اللازم من الطاقة لانجاز التشكيلة تلك، فانه لا يستطيع القيام بها على مايرام، بل لا يستطيع الذهاب الى النهاية المطلوبة. ويكون سبب هذا التباطؤ أحيانا القلق النفسي او التشويش الخارجي الناجم عن الراديو مثلا والتلفزيون والسيارات والآلات الميكانيكية المعاصرة. فلا يستطيع إستجماع الطاقة المطلوبة مما يجعله يؤجل عمله ليوم آخر. لذلك يعمد العديد من الخطاطين الى العمل اثناء الساعات المبكرة فجرا، أو إختيار اماكن هادئة بعيدا عن الضجيج.

ÉNERGIE

Une calligraphie contient en substance l'énergie du calligraphe et nous transmet ses vibrations secrètes par la courbure, l'entrelacement, l'opposition des lettres, leur dynamisme ou leur statisme.

Au moment où l'élan créateur se manifeste, l'inconscient du calligraphe lui fournit son inspiration, parfois freinée par le texte ou le code.

C'est alors qu'il doit surmonter ces contraintes, arriver à se libérer : pour créer. Or la réalisation d'une calligraphie satisfaisante nécessite une grande quantité d'énergie intérieure que seule une bonne concentration peut canaliser puis libérer.

في قلبي غليان وعذاب -كوڤيدو-

Il y a dans mon cœur fureurs et peines. Quevedo (1580-1645)

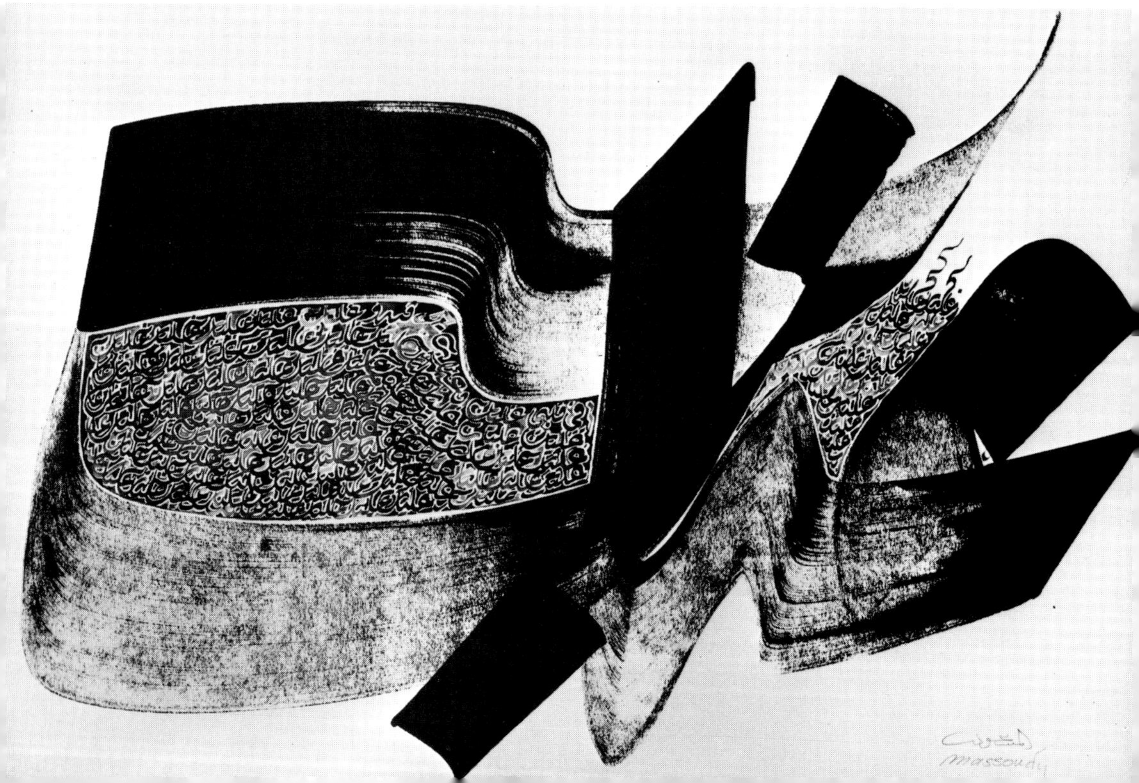

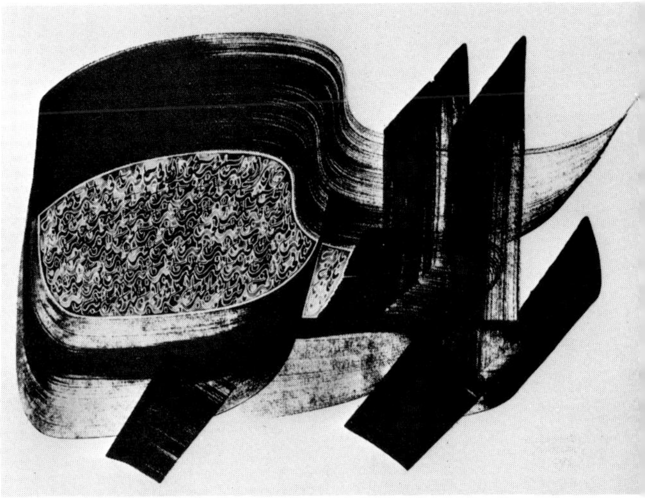

تجاوز الغَضب بالحب - بوذا -

Que l'homme surmonte la colère
par l'amour. Bouddha (ve s. av. J.-C.)

تأكيد الذات ليس لعبة إنه العَذاب - فرانز فانون -

Se chercher n'est pas un jeu, c'est une souffrance. Franz Fanon (1925-1962)

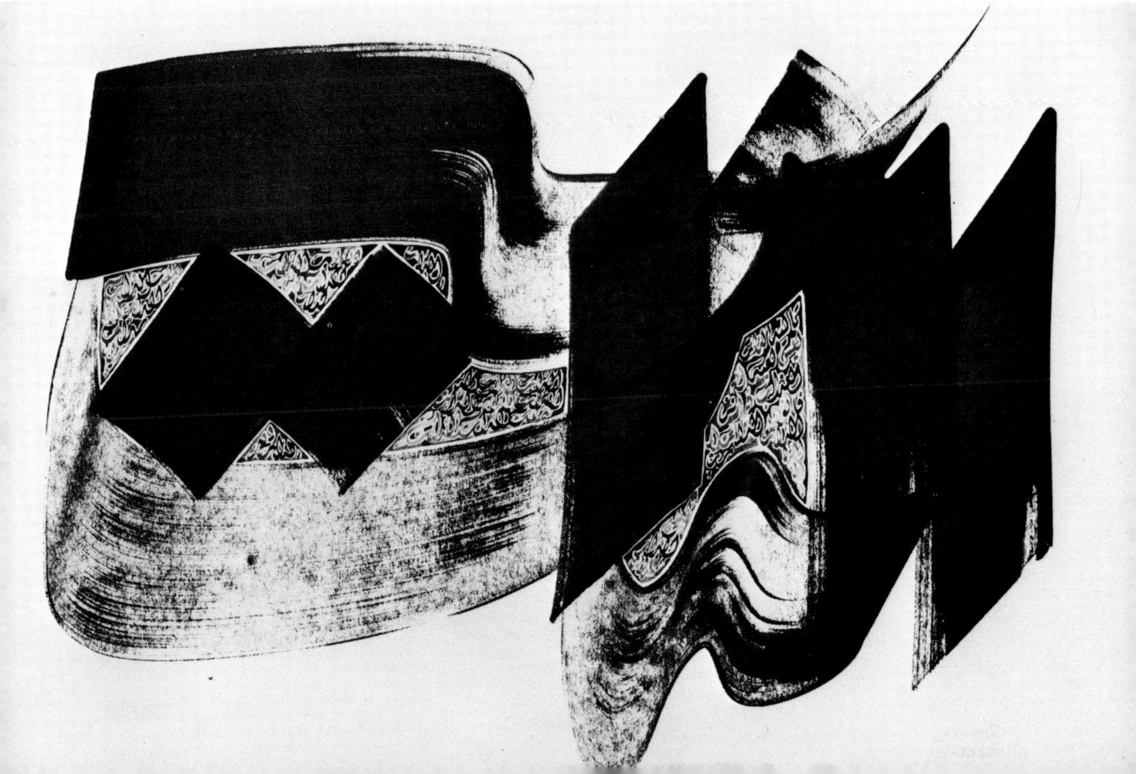

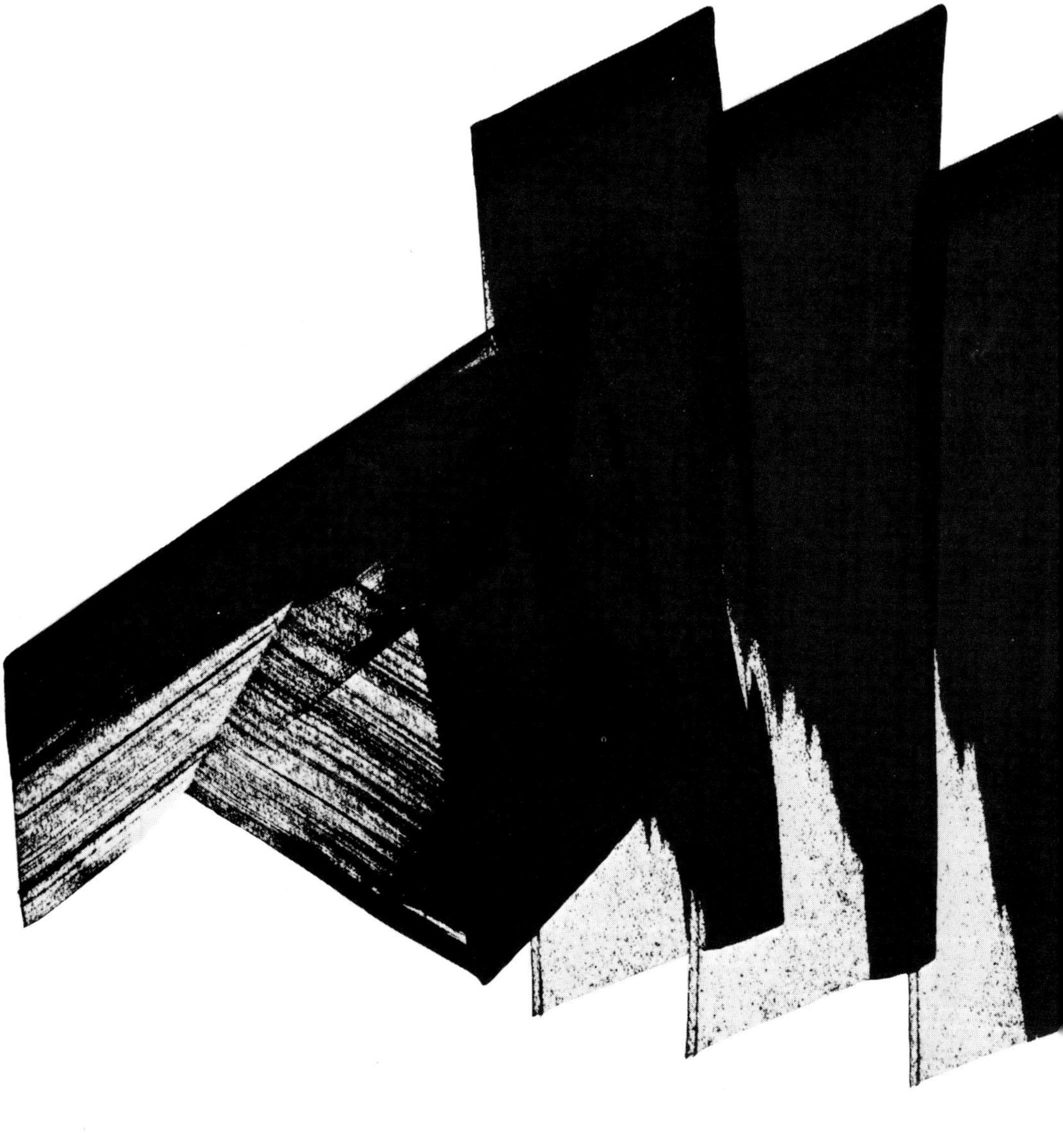

Paix.

السلام

أسهمت ايزابيل نيتزر في إعداد النص الفرنسي

نخص بالشكر كلا من

دانيال برتراند ، فرانسواز ونعيم بوطانوس
كوليت ومحمد لازم ، طاهر بكري
شوقي عبد الامير ، ليلا ڤيكير

لما أسدوه لنا من نصائح وقدموه من مساعدات

بعض الخطوط في هذا الكتاب انجزت أمام الجمهور خلال حفلتي "أرابسك" و "السلطان محمود ـ ألف ليلة وليلة" لمجموعة الخمسة : كي جاكه ـ ممثل ـ فوزي العائدي ـ موسيقي ـ حسن المسعود ـ خطاط ـ

Le texte français a été élaboré avec Isabelle NITZER.

Nous remercions tous ceux qui ont apporté leur concours à notre travail, et plus particulièrement :
Danielle BERTRAND, Françoise et Naïm BOUTANOS, Colette et Mohamed LAZAM, Tahar BEKRI, Chowki ABDELAMIR, Lilas VICAIRE.

Certaines calligraphies, contenues dans cet ouvrage, ont été réalisées en public lors des spectacles *Arabesque* et *Les Deux Vies du sultan Mahmoud* (d'après *Les Mille et Une Nuits*) du groupe KHAMSA (Guy Jacquet, Fawzi Al Aïedy, Hassan Massoudy).

المحتويات

TABLE DES MATIÈRES

التشكيلة الخطيّة	7	Composition
اسلوب الثلث	8	***Style Thoulth***
خَط الثلث	21	A propos du Thoulth
النصوص	27	Contenu
التمرين	35	Préparation
الأسلوب الكوفي	36	***Style Koufi***
التنفس	46	Souffle
الاسلوب الفارسي	47	***Style Farsi***
الحبر	53	Encre
اساليب خليطة	54	***Style mixte***
القواعد	64	Au-delà des règles
الاسلوب الديواني	65	***Style Diwani***
التنغيم	69	Rythme
التركيز	81	Concentration
التخيّلات	84	Imagination
اسلوب الجلي ديواني	85	***Style Jeli Diwani***
السلام	90	***La paix***
الفضاء	97	Espace
التعبير	101	Expression
خطوط حديثة	104	***Calligraphies modernes***
المظهر المرئي للحرف	109	Surface de la lettre
الخَط الحَديث	116	Vision moderne
الطاقة	121	Énergie

طُبعَت هٰذه النسخة لقرّاء اللغة الفرنسيّة ،
نعتذرُ للقارئ العربي ، لأنه سيكون مُضطرًا
لقراءة الكتاب من جهة اليسار .

Achevé d'imprimer le 22 février 1993
sur les presses de Aubin Imprimeur à Poitiers/Ligugé

Maquette et mise en page de Jean-Jacques Mauclair

Dépôt légal : mars 1986 — N° d'édition : 0605
N° d'impression : P 42281
Imprimé en France